외과의사가 다녀온 천국

TO HEAVEN AND BACK

Copyright © 2011,2012 by Mary C. Neal

Published by arrangement with William Morris Endeavor Entertainment, LLC.
All rights reserved.

Korean Translation Copyright © 2014 by Christian Success

Korean edition is published by arrangement with William Morris Endeavor
Entertainment, LLC.

through Imprima Korea Agency

이 책의 한국어판 저작권은 Imprima Korea Agency를 통해
Mary C. Neal, c/o William Morris Endeavor Entertainment, LLC.와의
독점 계약으로 크리스천석세스에 있습니다.
저작권법에 의해 한국 내에서 보호를 받는 저작물이므로
무단전재와 무단복제를 금합니다.

To Heaven and Back

외과의사가 다녀온 천국

메리 C. 닐 지음
한은경 옮김

크리스천석세스

이 책을 하나님께 바칩니다.
하나님은 내게 생명을 주신 분이며,
나는 그분의 영광을 위해 살아갑니다.

차례 Contents

프롤로그 10

이야기를 시작하며 14

어린 시절 19

반항의 시간 26

멕시코로 향하다 30

영적인 깨달음 35

신실하신 하나님 41

기쁨의 태도 46

필요할 때 하나님은 소리치신다 51

굴레에서 벗어나 59

칠레에서의 모험 63

강에서 죽음을 맞다 70

구조 75

집으로 ············ 82

강가의 천사 ············ 91

다시 와이오밍으로 ············ 97

기도의 힘 ············ 101

분명한 비전 ············ 104

천사와의 대화 ············ 109

병실에서 ············ 117

회복의 시간 ············ 122

나의 아버지 ············ 127

사랑하는 새아버지 ············ 133

다른 이들에게 영감을 ············ 139

돌을 굴려 주시는 하나님 ············ 146

나의 아들, 윌리 ············ 150

나의 남편, 빌 ············ 158

하나님의 사람, 채드 161

글을 써야 할 의무 164

한 해 중 가장 긴 하루 171

사랑하는 내 아들 175

시간의 이면 178

연민의 선물 183

완벽한 타이밍 192

나의 신앙고백 201

화보 211

닥터 닐과의 Q&A 218

이 날은 새로운 하루의 시작이다.
내가 원하는 대로 쓰라고 하나님은 이 날을 주셨다.
나는 이 날을 허비할 수도 있고,
이 날의 빛 가운데 성장해서 다른 이에게 도움을 줄 수도 있다.
이 날은 내 삶의 하루와 바꾼 날이기 때문에
이 날을 어떻게 사용하느냐는 대단히 중요한 문제다.
내일이 오면 오늘은 영원히 사라진다.
이 날을 위해 내가 치렀던 모든 것에 대해 후회하지 않기 바란다.

_ 익명

프롤로그

"이 세상에서 가장 좋고 가장 아름다운 것들은 눈으로 보거나
귀로 들을 수도 없고 오로지 가슴으로 느껴야만 한다."
– 헬렌 켈러

하나님은 지금 이 세계에 살아 계신다. 하나님의 사자使者인 천사도 마찬가지다. 하나님이 천사를 보내어 우리 삶에 개입하시는 것은 일상에서 흔한 일인 동시에 매우 특별한 경험이다. 평범해 보이는 삶을 살고 있는 나 역시 하나님의 손길을 분명하게 느끼는 특권을 경험해 왔다. 특별히 1999년 1월 14일, 나는 칠레에서 남편과 휴가를 보내던 중에 그분의 손길을 직접 체험했다. 당시 나는 타고 있던 카약이 뒤집히면서 익사하고, 천국으로 올라가는 경험을 했다. 그때 나는 천국에서 잠시 머물다가 다시

내 몸으로 돌아왔다. 사고로 양쪽 다리가 골절되고, 폐가 심각하게 손상되어 한 달 이상 입원해야 했다. 그리고 퇴원한 뒤에도 한동안 휠체어에 의지한 채 지내다 6개월이 지나고서야 온전히 회복해 정형외과 의사로서 다시 일할 수 있었다.

사람들은 내가 처참한 사고를 당했다고 말했지만, 사실 그 사고는 내게 있어 일생일대의 선물이었다. 또한 사고를 당하고 회복하는 과정에서 벌어진 일련의 일들은 그야말로 기적과 다름없었다. 무엇보다 나는 사고를 통해 천국을 경험하는 특권을 누렸으며, 다시 내 몸으로 돌아온 뒤에도 몇 주 동안 하나님의 강렬한 임재를 경험하고 예수님과 여러 번 대화를 나누었다.

그 과정에서 나는 우리 삶의 여러 중요한 문제에 대해 깨달음을 얻게 되었다. 예를 들어 '우리가 죽으면 어떻게 될까?', '우리는 왜 이 세상에 존재하는 걸까?', '왜 착한 사람들에게 나쁜 일이 생기는 걸까?' 등의 질문에 답을 얻게 된 것이다. 또한 사도 바울이 고린도전서 13장 13절에서 말한 믿음과 소망, 사랑 중에서 사랑이 제일이라는 고백의 참 의미도 깨닫게 되었다. 사고 이

전에도 기적을 믿을 만한 이유는 충분했지만, 천국에 다녀오는 경험을 통해 비로소 하나님을 향한 내 믿음은 앎이 되고, 내 소망은 현실이 되었으며, 내 사랑은 영원히 지속될 것이다.

내가 다시 이 땅에 돌아오게 된 데는 여러 이유가 있겠지만, 그중 하나는 다른 사람들에게 내 이야기를 전하고, 그들이 하나님께로 돌아오는 길을 찾을 수 있도록 돕기 위함이다. 사고를 당하고 회복되는 동안 내 이야기를 친구 몇 명에게 들려주자, 그 친구들은 다시 그들의 친구와 가족에게 내 이야기를 전했다. 그렇게 점차 내 이야기가 여기저기 퍼져 나가면서 나는 그 이야기에 영향을 받은 사람들이 많다는 소식을 듣게 되었다. 그 과정을 통해 나는 내 이야기가 내게 속한 것이 아니라 하나님의 소유라는 것을 알게 되었다. 그리고 내 이야기를 여러 사람들과 나눠야 한다는 것을 깨달았다. 많은 사람들이 내 이야기를 통해 영감을 얻고, 나와 함께 이야기를 나누면서 하나님과의 관계를 회복하기도 했다. 또한 죽음에 대한 공포를 벗고, 의미 있고 완전한 삶을 살고 싶다는 열정을 얻기도 했으며, 미래에 대한 소망을 품고 더욱 깊은 믿음을 갖게 된 사람들도 많다.

> "노블레스 오블리주Noblesse Oblige,
> 특권은 책임감과 함께 온다."

하나님은 우리에게 등불을 주실 때, 우리가 그 등불을 바구니나 침대 밑에 숨겨 두기를 바라지 않으신다. 대신 그 등불로 이 세계 가운데 빛을 전하기 원하신다. 빛은 언제나 어둠의 공허함을 떨쳐 내기 때문이다. 그래서 나는 단 한 명이라도 내 이야기를 읽고 하나님과 가까워지기를 바라는 마음에 이렇게 내 경험을 글로 옮기게 되었다.

이 글을 쓰는 동안에도 내가 알 수도 없고, 또 알지도 못했던 일들이 벌어졌다. 하루빨리 글을 완성해야 한다며 스스로를 억누르던 급박한 심정 역시 내 삶에 작용하시는 하나님의 손길이었음을 깨닫는다. 그리고 그 손길은 이 책을 쓰는 동안 계속 이어졌다.

이야기를 시작하며

> 하나님이여 나의 부르짖음을 들으시며 내 기도에 유의하소서
> 내 마음이 약해질 때에 땅끝에서부터 주께 부르짖으오리니
> 나보다 높은 바위에 나를 인도하소서
> _ 시편 61편 1~2절

멕시코의 외딴 산 사이를 가로지르는 좁다란 이 차선 도로는 전날 밤 내린 비로 여전히 질척거렸다. 큰길까지는 족히 몇 시간은 더 걸릴 듯했다. 그런데 늦은 오후 무렵 우리가 타고 가던 낡은 트럭이 빗물에 미끄러져 갓길 진창에 빠졌다. 트럭에는 당시 열다섯 살이던 나와 선교사 부부, 십 대 소년, 그리고 어린 아기까지 모두 다섯 명이 타고 있었다. 바퀴가 헛돌면서 트럭은 점점 더 진창에 빠지기 시작했다. 우리 힘으로는 진창에서 트럭을 꺼낼 수 없다는 것을 알았기에 불안감은 점차 커져 갔다. 더욱이 구조를 요청할 만한 곳까지 걸어갈 수도 없는 상황이었다.

또한 이런 일로 우리의 여정이 지체될 줄은 전혀 예상하지 못했기 때문에 아무런 대비책도 세우지 못한 상태였다. 아기는 곧 배가 고파질 테고, 해가 지면 기온도 급강하할 것이다. 여름 내내 이 황량한 도로를 여러 번 지나다니는 동안 우리 차 말고 다른 차량은 한 번도 본 적이 없었으니 무슨 수를 써서라도 트럭을 진창에서 끄집어내야 했다. 절박한 심정으로 다들 매달려서 바퀴를 빼내려고 했지만, 그럴수록 바퀴는 진창으로 빠져 들어갔다. 아무리 용을 써도 소용없을 것 같았다. 그래도 우리는 젖 먹던 힘까지 동원해서 바퀴를 빼내려고 애쓰며 안간힘을 다해 구체적으로 기도하기 시작했다. 하나님께 우리 발아래에 돌을 깔아 달라고, 그것도 당장 깔아 달라고 기도드렸다.

그런데 그 기도가 우리의 입에서 흘러나오는 순간 멀리서 낡은 픽업트럭 한 대가 덜컹거리며 모습을 드러냈다. 그야말로 놀라서 까무러칠 일이었다. 트럭 운전사는 길을 잃고 큰길을 찾아 헤매는 중이었다. 그는 상황을 파악하고 친절하게도 우리를 마을까지 태워 주겠다고 했다. 운전실이 비좁았기 때문에 우리는 짐칸에 올라타서 자리를 잡았다. 그런데 짐칸 밑바닥에, 다름 아닌 돌이 가득 실려 있었다. 우리는 하나님이 우리의 기도를 들어주셨음을 알고 뛸 듯이 기뻐했다.

과연 그 일이 우리가 드렸던 기도의 응답이었을까? 하나님이 기도에 응답하셔서 우리 삶에 개입하시고, 거기에 유머 감각까지 드러내신 걸까? 트럭 운전사는 하나님이 보내신 천사였을까? 그 일은 기적일까? 우리가 어쩌다 운이 좋았거나, 우연의 일치는 아닐까? 우연의 일치란 '관련 있어 보이는 일들이 우연히 같이 발생하는 것'이며, 운은 '행운이나 역경을 가져오는 힘'으로 우연을 동반하는 경우가 많다. 하지만 나는 그날의 일을 기적이라고 믿는다. 기적은 다름 아닌 '하나님의 역사로 여겨지는 일'을 의미하기 때문이다.

성경에는 혼란스러운 상황이나 목숨이 위태로운 순간, 심지어 죽음 직전에 처한 사람들을 돕기 위해 하나님이 천사를 보내신 일이 여러 번 기록되어 있다. 기적은 지금도 전 세계 곳곳에서 벌어지며, 가톨릭교도와 개신교도, 이슬람교도와 힌두교도 모두 기적에 대해 이야기한다. 코란은 기적을 "인간의 삶에 개입되는 초자연적인 것"으로 정의하며, 가톨릭에서는 한 사람이 믿음으로 개종하는 것처럼 특정한 목적을 갖고 이루어지는 "하나님의 역사"로 정의한다. 한편 『메리엄웹스터 대학 사전』은 기적을 "신의 개입을 증명하는 특별한 사건"으로 정의한다.

부정적인 사람들은 기적이 일어나는 것 자체가 자연의 법칙을 거스르기 때문에 불가능하다고 주장한다. 나처럼 기적을 믿는 사람들과 반대로 기적을 믿지 못하는 사람들 모두 각기 다른 방식으로 기적을 인식하게 마련이다. 다음 두 가지 상황을 주목해 보자.

상황 1
공이 높은 곳에서 바닥으로 떨어진다.
공은 자연의 법칙을 따른다.

상황 2
공이 높은 곳에서 바닥을 향해 떨어지고 있다. 그 순간 어떤 손이 나와 그 공을 잡는다. 그 공은 절대로 바닥에 떨어지지 않는다. 그 공은 자연의 법칙을 따랐지만, 순간 어떤 손이 개입했다. 만약 그 손이 하나님의 손이라면, 우리는 자연의 법칙을 거스르지 않고서도 신이 개입할 수 있다는 사실을 발견할 수 있다.

나는 멕시코의 진창길에서 하나님이 우리의 진심 어린 외침을 듣고, 우리를 위해 개입하셨다고 믿는다. 그 응답이 우리가 예상한 것과는 달랐지만 하나님은 우리의 구체적인 기도에 구체적으로 응답하셨다. 바로 우리의 발아래 돌을 깔아 주신 것이다.

대부분의 사람들과 마찬가지로 나는 오랫동안 영성에 대해 고민해 왔다. 하나님이 실재하시는지, 그렇다면 내 삶에서 어떤 역할을 하시는지, 왜 그토록 많은 나쁜 일들을 허용하시는지, 또한 죽음 이후의 삶은 어떨지에 대해 생각했다. 멕시코에서의 체험 뒤에도 나는 마음속에 이러한 질문과 의심을 품으며 수많은 기도에 응답을 받았고, 하나님이 내 삶에 개입하시는 것을 종종 경험했다. 무엇보다 칠레에서 카약 사고로 익사한 뒤에 천국을 경험하고 돌아오는 엄청난 기쁨과 특권을 누렸다. 그 과정에서 나는 천사들과 대화를 나누면서 여러 질문을 던지고 통찰력도 얻었다. 그리고 그 엄청난 사건 덕분에 주님을 영적으로 경험하거나 죽음에 이르렀던 경험이 있는 사람들의 이야기에 귀 기울이게 되었다. 그들은 주로 이런 식으로 이야기를 꺼낸다.

"이 일에 대해서는 아무에게도 말하지 않았어요. 사람들이 내 말을 믿으리라고는 생각하지 않으니까요. 하지만……."

하나님은 지금 우리가 사는 세계에 실재하실까? 기적이 아직도 일어나고 있을까? 우리 주변에 실제로 천사들이 존재할까? 하나님은 약속을 지키시는 분일까? 믿음으로 살아갈 만한 이유가 충분한 것일까? 이 모든 질문의 대답은 당연히 "그렇다"라고, 나는 믿는다. 그리고 그동안 내가 목격하고 경험했던 기적을 전부 읽고 난 뒤에 당신도 나와 같은 결론에 도달하리라고 확신한다.

어린 시절

> 여호와의 말씀이니라 너희를 향한
> 나의 생각을 내가 아나니 평안이요 재앙이 아니니라
> 너희에게 미래와 희망을 주는 것이니라
> _ 예레미야 29장 11절

나는 미시간 주 중서부 지역에서 태어나 평범한 어린 시절을 보냈다. 외과의사였던 아버지와 전업주부인 어머니, 롭 오빠, 벳시 언니, 남동생 빌, 작은 닥스훈트 트린카까지 우리 가족은 중산층 동네에서 행복하게 살았다.

어린 시절 나는 전원 속에서 즐거움을 누리면서 지냈다. 원하는 것을 전부 가지지는 못했어도 부족한 것은 없었다. 무엇보다 아이의 행복에 가장 중요한 요소인 가족의 사랑을 듬뿍 받았다. 집 뒤편에 흐르는 시냇가에서 스케이트와 보트를 타고 낚시, 수영, 수중 탐험 등 물에서 할 수 있는 갖가지 재미있는 체험과 놀이를 했다. 달팽이와 민달팽이와 거머리에 대해, 개가 낚싯바늘에 미끼로 걸어 놓은 베이컨 조각을 먹으면 어떻게 되는지에 대해, 자라의 눈을 절대로 정면으로 쳐다봐서는 안 된다는 사실에 대해서도 배웠다. 친한 친구와 단둘이서 민물조개 양식장을 정성껏 만들었다가 진주를 만드는 것은 조개가 아니라 굴이라는 사실도 배웠다. 그렇게 어린 시절 날마다 신 나게 시냇가에서 놀며 야외 활동에 흠뻑 빠져 지냈다.

우리 가족은 장로교 교인이었다. 고조할아버지, 증조할아버지에 이어 할아버지까지 모두 장로교 목사셨다. 당시 우리 가족은 마을 광장에 우뚝 솟은 전통적인 석조 교회에 다녔다. 교회의 외관은 다소 딱딱해 보였지만, 하늘을 향해 둥근 아치 모양으로 건축된 교회 내부의 커다란 스테인드글라스는 무척이나 아름다웠다. 또한 낡긴 했어도 교회당에 있는 튼튼한 짙은 색 나무 의자도 좋았다. 언니와 오빠, 남동생과 함께 주일학교에 다니면서 세례 교육을 받고, 나중에는 청년부에도 출석했지만 내 신앙생활은 형식적이고 지루한 편이었다. 기꺼이 여러 교회 활동에 참석하긴 했어도 그것이 내 삶에 그다지 큰 영향을 미치지는 못했다.

우리 사 남매는 우리를 사랑하시는 살아 계신 하나님과 올바른 관계를 형성하지 못했다. 더욱이 나는 내 일상과 생각을 하나님과 나눠야 한다는 생각을 하지 못했다. 내게 하나님은 그저 '주일'에만 접하는 분이었다. 집에서 부모님이 영성이나 종교에 대해 토론하시는 모습을 본 적은 없었지만 두 분은 자녀들에게 기독교인다운 삶의 본을 보여 주셨다. 어머니는 사랑이 넘치는 분으로 항상 누군가를 도와주고 여러 봉사 단체에서 적극적으로 자원봉사를 하셨다. 아버지는 의사로서 환경이 좋지 못한 사람들을 배려하며 이타적인 삶을 사셨다.

아버지가 병원에서 환자를 진료하시거나 주말에 응급실에서 호출을 받으실 때면 나도 자주 따라갔다. 아버지는 언제나 봉사하는 자세로 환자들에게 친절히 대하셨고, 그들의 감정이나 요구를 우선시하며 돈에 휘둘리지 않으셨다.

십 대로 들어서면서 나는 좀 더 독자적으로 생각하게 되었다. 아버지와 함께 무언가를 하는 것은 여전히 좋았다. 하지만 아버지가 나에게 자신의 감정을 잘 드러내시지 않는다는 사실을 깨달은 뒤에는 중요하고 어려운 문제에 대해 아버지와 이야기를 나누기가 쉽지 않았다. 물론 아버지에 대한 존경심은 변함없었다. 그러다가 1970년대 초 부모님의 사이가 틀어지면서 어머니가 아버지에게 집에서 나가라고 한 사건은 어린 나에게 큰 충격을 주었다.

당시만 해도 이혼을 대단히 부정적으로 여겼기 때문에 1971년 가을에 부모님이 이혼하실 때, 나는 몹시 분노했다. 혼란과 분노가 들끓는 사춘기 소녀였던 나는 부모님의 이혼 기사가 실린 신문을 보고 1950년대식의 단란한 미국 가정에 대한 내 이상이 산산조각 났다는 사실을 인정할 수밖에 없었다.

내 삶과 생각은 점차 불안정해졌지만 그나마 교회에는 꾸준히 출석했다. 대학생이 된 오빠와 언니는 독립을 하고, 나는 어린 시절부터 살던 집에서 어머니와 남동생과 함께 살았고, 아버지는 다른 집으로 이사를 가셨다. 주일 아침이면 나는 아버지와 함께 동네 싸구려 식당에서 아침 식사를 하고 예배를 드렸다. 부모님의 이혼에 대해 여전히 수치심과 분노가 가득했기 때문에 아버지와 같이 원래 다니던 장로교회에 나가기 싫어서 동네 성공회교회 예배에 참석했다. 예배가 끝나면 아버지와 함께 산책하고, 아버지의 아파트에서 아버지가 해주시는 유일한 음식인 구운 닭고기와 콩 요리를 먹었다. 나는 아버지의 현실적인 한계를 인정하면서도 아버지가 다시 집에 돌아오셔서 우리 가족이 어린 시절 기억 속의 그 단란했던 모습으로 돌아가는 환상을 여전히 떨쳐 버리지 못했다.

반면 어머니는 여전히 젊고 매력적이며 재미있는 분이셨다. 나는 어머니가 다른 사람과 교제하시는 것을 싫어하면 안 된다는 것을 이성적으로 알면서도 감정적으로는 막고 싶었다. 아버지와 헤어진 뒤 어머니는 맥과 사귀셨다. 그런데 어느 날 저녁, 집에 돌아와 보니 내가 구운 쿠키를 그가 몽땅 먹어 치워 버렸다. 나는 그에게 주려고 쿠키를 구운 게 아니었다. 그래서 그가 쿠키를 먹어 치운 게 화가 난다고 어머니에게 말하자 어머니는 곧 그와 헤어지셨다. 나는 더 이상 그를 보지 않아도 된다는 사실에 만족했다.

그 다음으로 조지라는 사람이 나타났다. 그는 당시 오빠와 남동생이 일하던 컨트리클럽의 총지배인이었다. 오빠와 남동생은 그에게 어머니 이야기를 하며 데이트 신청을 해보라고 졸랐고, 결국 그와 어머니는 좋은 관계로 발전했다. 부모님이 이미 이혼하셨는데도 나는 어머니에게 '애인'이 생긴다는 사실이 무척이나 싫었다. 그는 재미있고 친절하고 자상한 데다가 이해심과 인내심도 많았다. 또한 누구보다도 상대의 기분을 잘 배려하고 맞춰 주는 그의 마음 씀씀이는 내 적대심까지 허물어트렸다. 그는 내 어머니는 물론이고 우리 사 남매를 무척이나 사랑했다. 어머니가 그와 교제하고 1년이 지날 무렵 가족회의를 열어 우리에게 결혼 허락을 받으시려고 했을 때, 나는 도저히 어머니에게서 그 행복을 빼앗을 수 없었다. 하지만 마음속으로는 여전히 갈등했다. 그가 괜찮은 사람이며 합리적인 새아버지가 될 거라 생각하면서도 아버지가 돌아오셔서 다시 이전의 삶으로 돌아가기를 날마다 기도드렸다.

1973년, 목사님이 그와 어머니를 '부부'로 공식 선언한 바로 그 순간까지 나는 아버지가 결혼식장에 나타나셔서 이 모든 일이 없던 일이 되기를 기도했다. 하지만 그런 일은 일어나지 않았다. 나는 하나님이 나의 가장 간절한 기도를 듣지도 응답하지도 않으셨다는 결론을 내리고 깊은 실망감에 빠져 기도 자체를 포기했다. 사실 하나님이 실제로 존재한다고 해도 40억 명이 넘는 사람들이 사는 이 지구에서 무척 작은 존재에 불과한 내 기도를 들으시거나 응답하실 이유가 있겠는가? 하나님은 어디에나 존재하시고, 모든 사람을 살피신다는 생각 자체가 유치하고 어리석은 믿음에 불과하다고 여겨졌다. 그러면서 이제 하나님에 대한 믿음을 저버리고, 내 갈 길을 가야겠다고 결심했다.

당시 나는 자신감이 넘치는 열다섯 살의 똑똑한 여학생이었다. 그때 나는 내게 무엇이 가장 좋은지 알고 있다고 생각했고, 신이 개입하지 않더라도 혼자 힘으로 미래를 만들어 나갈 수 있다고 믿었다. 그래서 하나님이 나의 가장 간절한 소원을 들으셨을 뿐만 아니라 내가 상상한 것 이상으로 완전하게 응답해 주셨다는 사실을 전혀 깨닫지 못했다. 하나님은 어머니의 재혼을 통해 언제나 한결같고 친절하며 인자하게 사랑을 베푸시는 새아버지를 보내 주셨다. 새아버지는 나를 지지하고 존중해 주셨고, 내게 아버지로서 기쁨과 우정, 책임감에 대해 가르쳐 주셨다. 또한 서로 사랑하고 존중하는 결혼의 모범을 보이며, 내 삶에서 가장 중요한 영향을 미치셨다. 하나님은 우리에게 희망과 미래를 주실 계획을 갖고 있다고 약속하셨다. 그리고 분명히 그 약속을 지키신다. 내 삶에 새아버지가 생긴 것은 분명 내가 기도하며 바랐던 응답은 아니었지만 그보다 훨씬 나은 응답임이 분명하다.

반항의 시간

미래는 자신의 꿈이 아름답다고 믿는 사람에게만 찾아온다.
_ 엘리너 루스벨트

 새아버지가 항상 곁에 있긴 했어도, 고등학교에 입학한 뒤 나는 고통과 혼란에서 헤어 나오지 못한 채 방황했다. 친구 대부분이 마약과 술을 즐겼고, 나 역시 통제 불능 상태였다. 어머니의 생신날이었던 3월의 어느 추운 밤에 친구 존이 형의 신형 셰비 자동차에 린다와 또 다른 친구, 그리고 나를 태웠다. 존이 운전면허를 딴 지 얼마 되지 않았는데도 우리는 근처에서 열리는 파티에 가는 길에 '롤러코스터 언덕'이라 불리는 곳에 들르자고 졸랐다.

롤러코스터 언덕은 이름 그대로 놀이공원에 있는 롤러코스터 수준의 비탈길이어서 빠른 속도로 언덕을 내려올 때면 위장이

입 밖으로 튀어나올 것 같았다. 우리가 탄 자동차가 언덕을 날아갈 듯 빠른 속도로 달릴 때, 차가운 3월의 도로는 온통 얼어붙어 있었고, 차의 새 비닐 시트도 미끄럽기만 했다. 안전벨트를 매야 한다는 린다의 계속되는 주장에 모두 벨트를 찰칵 잠그는 순간 자동차가 통제력을 상실했다. 차체가 빙글빙글 돌면서 뒷부분이 떨어져 나가는 소리가 들렸고, 이내 자동차는 나무를 들이박았다.

나무와 부딪친 충격으로 자동차는 도로 맞은편으로 튕겨 나갔고, 그러면서 또 다른 나무와 부딪쳐 앞쪽 엔진도 떨어져 나갔다. 그렇게 우리가 탄 자동차는 여러 번 구르다 거꾸로 멈춰 섰다. 차 안에 있던 우리는 거꾸로 매달린 상태이긴 했지만, 사고 직전에 맨 안전벨트 덕분에 다행히 아무도 심하게 다치지는 않았다.

자동차가 구르면서 떨어지는 동안 나는 "내가 너와 함께 있다"라는 크고 분명한 하나님의 음성을 들었다. 그 순간 두려움이 사라졌고, 깨진 차창 너머로 빙글빙글 회전하는 것처럼 보이는 나무가 참 아름답다고 감탄하기까지 했다. 내 생애 처음으로 하나님의 존재를 경험하는 순간이었다. 그전에도 비슷한 경험은 있었지만 이처럼 분명하고 충격적인 경험은 처음이었다. 그 순간 하나님을 믿는 것이 단지 유치하고 어리석은 일이 아닐지도 모른다는 생각이 들었다. 또한 하나님은 실재하시며, 내 삶에 대해 나보다 더 큰 계획을 갖고 계심을 깨닫게 되었다.

자동차 사고 이후에도 여전히 혼란스러운 십 대 시절을 보냈지만, 나는 이전과는 달리 내 삶에 더 큰 의미와 목적이 있다고 생각하게 되었다. 그래서 내 행동과 친구들, 그리고 내가 한 여러 선택에 대해 구체적으로 돌아보면서 앞으로는 좀 더 진지하게 살아야겠다고 결심했다. 금요일 밤마다 친구들과 흥청망청 노는 것도 더 이상 즐겁지 않았다. 그보다 내 미래가 어떻게 될지, 지금 내게 중요한 것은 무엇인지에 대해 생각했다. 또한 내 꿈에 대해, 이 세계라는 큰 그림 안에서 어떻게 살아가야 할지에 대해서도 고민했다.

그러면서 여전히 장로교회와 성공회교회 예배에 참석하고, 친구 메리 앤과 함께 오클랜드로드 기독교회에도 가끔 나갔다. 어릴 적 장로교회에서 세례를 받고 입교했지만, 나는 다시 오클랜드로드 기독교회에서 침례를 받기로 결심했다. 상당히 내성적이었던 내가 이런 결심을 한 것을 생각하면 지금도 미소가 지어진다. 교회 앞쪽에 마련된 유리 탱크에서 침례를 받고, 많은 사람들 앞에서 내 믿음을 고백하겠다고 하자 친구들 대부분이 웃으며 놀려댔다. 그럼에도 나는 실제로 침례를 받았고, 물에서 나올 때 내 몸이 깃털처럼 가벼워진 것을 느꼈다. 성령님이 내게 오신 것이 분명했다. 온몸에서 힘이 솟아나며 행복과 환희를 느꼈다. 온몸이 깨끗해지고 마치 다시 태어나 새 사람이 된 기분이었다. "그런즉 누구든지 그리스도 안에 있으면 새로운 피조물이라 이전 것은 지나갔으니 보라 새것이 되었도다" 고린도후서 5장 17절라는 하나님의 약속이 이루어진 순간이었다.

멕시코로 향하다

> 너는 마음을 다하여 여호와를 신뢰하고
> 네 명철을 의지하지 말라
> 너는 범사에 그를 인정하라
> 그리하면 네 길을 지도하시리라
> _ 잠언 3장 5~6절

 침례를 받고 성령의 변화를 경험한 지 얼마 뒤, 교회 게시판에서 멕시코 산중에서 선교하는 한 미국인 선교사 부부가 후원금을 모금한다는 공지문을 보았다. 그 부부는 공식 선교 훈련을 받지는 않았지만 산루이스포토시 주 마테왈라 인근 산골에서 가난한 주민들을 대상으로 성경 캠프를 열고, 의료센터를 운영하고 있었다. 나는 도움의 손길을 애타게 바란다는 공지문을 보자마자 당장 그곳으로 가야겠다는 마음이 들었다.

열다섯 살인 나는 기부할 돈도 없었고, 선교 사역에 대해서도 별로 관심이 없었지만, 오지의 병원에서 일할 수 있다는 점이 내

마음을 사로잡았다. 선교사 부부에게 연락해서 돕고 싶다고 하자 그들은 무척 반가워했다. 그러고는 내게 얼마나 빨리 올 수 있는지, 또 얼마나 오래 머물 수 있는지를 물었다. 나는 어머니에게 여행 계획을 말씀드리고, 학교에서 멕시코 봉사활동에 대한 허락도 받았다.

모든 절차가 신속하게 진행되었고, 나는 곧 멕시코로 출발할 수 있었다. 하나님의 뜻에 따라 행동할 때 얼마나 일이 수월하게 진행되는지를 보여 주는 좋은 예였다(물론 이제 와서 돌이켜 보니 그렇다는 것이다). 하나님의 뜻대로 행할 때면 마치 장애물에 부딪치지 않고 모든 일이 순조로이 진행되는 것처럼 보인다. 반면 하나님의 뜻을 따르지 않을 때는 흐르는 물을 거슬러서 헤엄치는 것처럼 모든 상황이 힘들어진다. 이 사실을 깨닫기까지 정말 오랜 시간이 걸렸다.

선교사 부부는 마테왈라 시내에도 집이 있었지만, 그들은 주로 도시에서 몇 시간 떨어진 산골 동네에서 지냈다. 이미 언급한 대로 이 산골 마을에서 마테왈라에 있는 집으로 돌아오는 길에 트럭이 진창에 빠지는 사고를 당하기도 했다. 나는 선교사 부부를 도와 산속 작은 농가에 머물면서 주민들에게 음식을 나눠 주고, 그들과 함께 성경 공부를 했다. 또한 머릿니, 거미, 지네 등에 물린 상처를 치료하고, 골절 치료와 맹장 수술 같은 외과적 치료도 했다. 비록 기본적인 치료밖에 해주지 못했지만 주민들에게는 우리가 유일한 의사였다. 지역 병원이 있긴 하지만 가는 데만 몇 시간 걸릴 정도로 먼 거리여서 마을 사람들은 살아 돌아올 희망이 없을 정도로 심각한 상황이 되어야만 그 병원을 찾아갔다.

선교사 부부의 상황은 무척 힘들었고, 도움의 손길이 절실해 보였다. 내가 도착하자 그들은 낡은 의학서 한 권을 건네면서 출산에서 제왕절개에 이르기까지 모든 산부인과 치료를 책임져달라고 말했다. 비록 내가 모험심이 많고 자신감이 넘치긴 했어도 그 일을 책임질 만한 능력은 없었기에 혹시나 그들이 나에 대해 오해한 것은 아닌가 싶었다. 또한 그들은 내가 무언가를 물으면 기도하라고만 했다. 그들이 과연 제정신인가 싶을 정도였다. 결국 나는 병원에서 일하는 동안 미친 듯이 기도드리면서 산모가 순산하도록 도와주고, 어려운 분만 치료뿐 아니라 제왕절개 수술까지 해냈다. 내 지식과 경험은 물론이고 의료 도구까지 부족한 상황에서 단 한 번도 산모와 태아를 잃지 않은 것을 생각하면 그저 감사할 따름이다.

산골 병원에서 승승장구하면서 나는 스스로 학습 능력이 탁월하고 섬세한 '외과의사'라고 자신하게 되었다. 물론 그 뒤 의과대학을 졸업하고 전문의로서 수련을 받으며 내가 멕시코에서 이론 성공이 내 능력과 노력으로 된 것이 아님을 확실히 깨달았다. 그때 나는 하나님이 일하실 수 있도록 내 손을 제공했을 따름이다. 모든 생명은 하나님의 손에 달려 있었다. 만약 하나님의 인도와 중재가 없었다면 내가 치료한 환자 중 몇 명을 잃었을지도 모른다.

멕시코의 산골까지 나를 이끌었던 교회 게시판의 공지문을 처음 보았을 때만 해도 의료 봉사에는 어느 정도 관심이 있었지만 선교 사역에는 전혀 관심이 없었다. 그래서 멕시코의 선교 사역이나 예배, 성경 캠프가 지루하고 불편할 것이라고 막연히 추측했다. 나는 영성을 개인적인 문제라고 여겼기 때문에 다른 사람과 영성에 대해 대화하거나 다른 사람의 신앙생활을 격려하는 개념 자체를 그다지 좋아하지 않았다. 하지만 멕시코 산골 사람들은 어른 아이 가릴 것 없이 모두 성경 캠프에 참여했다. 더욱이 영적인 삶을 향한 그들의 열정은 주변 사람들에게까지 전염될 정도로 감동스러웠다. 그들은 개인적인 재산은 고사하고 하루에 한 끼 먹을 정도의 음식밖에 없는 경우가 많았는데도 날마다 축복을 주시는 하나님께 은혜가 넘치는 찬양과 감사를 드렸다. 하나님을 '주일'에만 만나는 분으로 제한하지 않으면서 진심으로 그분을 기뻐하고 찬양했다.

그들의 삶에 직접 역사하시는 하나님을 보면서 매우 바쁘고 중요한 듯이 보이는 도시의 사람들처럼 산골 오지에 사는 그들 역시 하나님께 똑같이 소중하다는 사실을 깨닫게 되자 참으로 벅찬 감동이 몰려왔다. 그들은 어떤 상황이 닥쳐도 하나님을 떠나지 않았다. 멕시코에서의 봉사 활동은 쉽지 않았지만 날마다 흥미진진했다.

영적인 깨달음

> 사람들은 자신이 볼 준비가 되어 있는 것만 본다.
> _ 랄프 왈도 에머슨

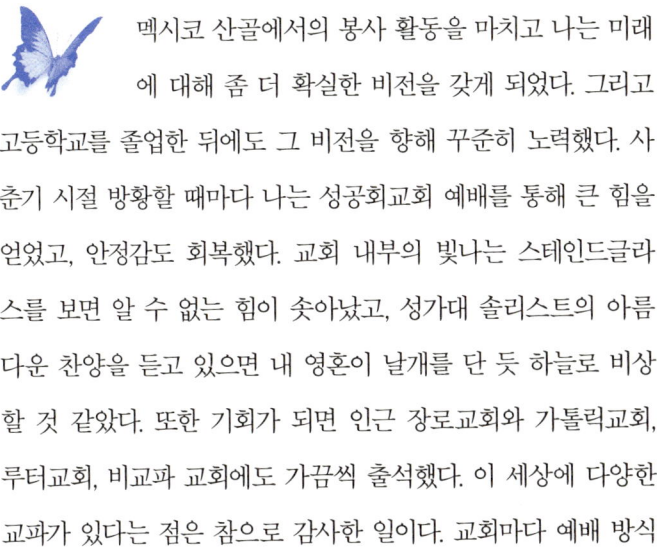
맥시코 산골에서의 봉사 활동을 마치고 나는 미래에 대해 좀 더 확실한 비전을 갖게 되었다. 그리고 고등학교를 졸업한 뒤에도 그 비전을 향해 꾸준히 노력했다. 사춘기 시절 방황할 때마다 나는 성공회교회 예배를 통해 큰 힘을 얻었고, 안정감도 회복했다. 교회 내부의 빛나는 스테인드글라스를 보면 알 수 없는 힘이 솟아났고, 성가대 솔리스트의 아름다운 찬양을 듣고 있으면 내 영혼이 날개를 단 듯 하늘로 비상할 것 같았다. 또한 기회가 되면 인근 장로교회와 가톨릭교회, 루터교회, 비교파 교회에도 가끔씩 출석했다. 이 세상에 다양한 교파가 있다는 점은 참으로 감사한 일이다. 교회마다 예배 방식과 소통 방식이 다르기 때문에 사람들은 자신에게 좀 더 편안하게 느껴지는 교회, 그리고 자신의 신앙을 성장시킬 수 있는 교회를 찾게 마련이다.

나는 고등학교를 졸업한 뒤 켄터키대학교에 입학했다. 내 영성은 점차 깊어졌지만, 대학생이 되고 나서는 예배를 거의 드리지 못했다. 세상의 교육 체제에서 하나님의 자리는 별로 없는 것 같다. 어느 누구도 내게 신앙생활을 조금만 하라고 직접적으로 요구하지는 않았다. 하지만 대학에서는 영적인 삶에 대해 고민할 수 있는 시간을 내기 힘들기 때문에 나와 마찬가지로 대부분의 대학생들이 신앙생활에서 멀어져 간다. 대신 오직 자신에 대해서만 집중한다. 즉 내가 무엇을 하고, 무슨 생각을 하고, 무엇을 느끼고, 무엇을 원하고, 그리고 미래를 위해 무엇을 계획해야 하는지에 대해서만 몰두한다. 설사 자원봉사처럼 '누군가를 위하는' 일을 하더라도 그것은 대개 자기만족이거나 화려한 이력서를 만들려는 목적에서 비롯된 것이지, 실제로 봉사를 소명으로 느끼기 때문은 아니다.

학부를 마치고 의대에 지원할 계획이라 무엇보다 학업에 충실하면서 수영 대표팀 활동도 열심히 했다. 영적인 삶을 점검해 보라고 요구하는 사람이 아무도 없었기 때문에 대학 시절 내내 하나님을 생각하거나 그분을 위해 시간을 드리지 못했다. 그렇게 영적으로 메마른 삶을 살던 중 우연히 스쿠버다이빙을 접하게 되었다.

 대학 시절 나는 용돈이라도 벌어볼 요량으로 정기적으로 혈장을 기부했다. 혈장 기부는 방법도 쉽고 수익도 짭짤한 편이었지만, 왠지 도심의 매우 지저분한 지역에 위치한 기부센터의 위생 상태가 불안했다. 더군다나 센터의 착오로 인해 다른 사람이 반환한 적혈구를 수혈받게 되지는 않을까 걱정도 됐다. 그래서 돈을 벌 수 있는 다른 방법을 찾아보다가 인근 스쿠버다이빙 가게에서 주말에만 일하는 임시직 자리를 얻게 되었다. 물과 관련된 것이라면 사족을 못 쓰던 터라 일하는 도중 가게에서 판매하는 수중 사진을 넋 놓고 보다 보면 어느새 몇 시간이 획 지나가 있기도 했다. 하나님이 만드신 수중 생물들의 아름답고 다채로운 세계에 경탄하면서 화려한 색채가 담긴 다양한 수중 동물들의 사진에 매료되어 갔다.

 결국 나는 스쿠버다이빙에 점점 더 빠져들면서 스쿠버다이빙 1차 과정까지 마쳤다. 심지어 가게에서도 월급 대신 장비를 받는 조건으로 일하게 되었다. 그러다 마침 가게에서 플로리다 스프링스 여행에 후원금을 지원한다는 소식을 듣고 당장 참가 신청서를 냈다. 렉싱턴에서 출발해서 장거리 여행 끝에 플로리다에 도착했을 때는 이미 날이 어두워진 뒤였다. 함께 간 일행은 아름답고 고요한 자태로 우리를 유혹하는 바다 앞에서 할 말을 잃었다. 스쿠버다이빙 경험이 거의 없었던 우리는 바다에 빨리 뛰어들고 싶은 마음에 스쿠버다이빙 강사들에게 입수하자고 애걸복걸했다. 결국 우리는 '낮에 다이빙해 본 적이 없는 곳에서는 절대로 밤에 다이빙하지 말라'는 야간 스쿠버다이빙의 제1규칙을 위반하고 말았다.

우리는 얼른 장비를 갖추고 미친 사람처럼 바닷물로 뛰어들었다. 하지만 잠수를 하자마자 나는 강사에게 접착제를 발라 놓은 것처럼 착 달라붙은 채 바다 밑을 향해 강사와 함께 수영했다. 바닷속에서 화려하고 현란한 물고기와 산호를 직접 보니 무척 흥분되었다. 내 생애 첫 번째 스쿠버다이빙은 기대했던 그대로 환상적이었다. 그러나 산소 탱크가 너무 빨리 비어 가서, 곧 바다 위로 올라가야만 했다. 그런데 구명조끼를 부풀리고 수면을 향해 발차기를 했는데도 몸이 수면으로 튀어 오르지 못하고 암석에 부딪혔다. 다른 방향으로 몸을 돌려 봐도 또다시 암석이 우리를 가로막았다. 어쩌다 수중 동굴 속으로 들어가 그만 출구를 찾지 못하게 된 것이다.

강사와 함께 동굴 입구를 찾아 헤맸지만, 점차 시야가 흐려졌다. 경험이 부족한 내가 바다 밑바닥을 오리발로 차서 뿌옇게 흙먼지를 일으켰기 때문이다. 곧 산소 부족을 알리는 경고음이 들렸다. 나는 기도해야겠다는 생각이 퍼뜩 들어 하나님께 소리쳐 기도했다. 이내 하나님이 우리 곁에 계시며, 출구를 보여 주시리라는 확신이 들었다. 하나님은 우리가 끝까지 버틸 수 있게 도와주실 것이다.

하나님의 임재를 경험하고 하나님이 길을 보여 주시리라 확신했지만, 그것이 하나님이 직접 우리를 동굴 밖으로 인도해 주시리라 기대했다는 의미는 아니다. 그 정도로 허무맹랑하지는 않다. 그보다는 하나님의 사랑과 은총을 느끼고, 하나님이 성령님이나 천사를 보내셔서 어떻게 해서든지 우리에게 길을 보여 주시리라고 믿었다는 것이 좀 더 정확한 표현일 것이다. 나는 호흡을 천천히 고르고, 강사가 지혜를 발휘하기를 바라며 기도했다.

흙먼지가 점차 가라앉고 시야가 환해지기 시작하자 물고기 몇 마리가 앞뒤로 움직이다가 함께 줄지어 이동하는 모습이 보였다. 마치 우리에게 따라오라고 손짓하듯 몸을 이리저리 움직이는 물고기 떼를 쫓아 우리도 움직였다. 그리고 물고기 떼가 이동하는 방향을 따라 동굴 바닥까지 깊숙이 내려갔다가 위로 올라가 수면을 뚫으며 비상했다. 그 순간 내 옆에 있던 강사의 산소통이 완전히 비었다.

강사와 나는 이 일에 대해 오래도록 이야기를 나누었다. 그는 자신이 상황을 통제하지 못했다며 무척이나 괴로워했다. 그리고 자신의 판단력이 부족해서 이런 일이 벌어졌으며, 순전히 운이 좋아서 우리가 살아 돌아왔다고 믿었다. 또한 그는 자신에게 실망하고 낙담한 나머지 정신을 잃을 정도로 술만 퍼마셨다. 하지만 나는 그의 생각과는 전혀 다른 이유로 우리가 살아 돌아왔다고 믿었다. 그저 운이 좋아서 살았다고는 전혀 생각하지 않은 것이다. 나는 바닷속 동굴에서 하나님의 임재를 깨닫고 깊은 평안함을 경험했다. 그리고 하나님의 개입하심으로 우리가 살아 돌아왔다고 믿었다. 우리가 하도 멍청해서 하나님이 우리를 동굴 밖으로 밀어내셔야 했지만 말이다.

플로리다에서 겪은 그날의 사건은 영적인 삶에 대해 진지하게 생각하는 계기가 되었다. 나는 분명한 목적을 가지고 이 세상에 존재하며, 아직 그 목적을 달성하지 못했기 때문에 살아 돌아온 것이라고 확신했다. 나를 향하신 하나님의 뜻을 찾고, 그 뜻을 이루기 위해 최선을 다해야 한다는 책임감도 절실하게 느꼈다. 그리고 무엇보다 내 삶에서 하나님을 뒷전에 두지 않고, 의식적으로라도 항상 하나님과 동행하며 살아야겠다고 굳게 다짐했다.

신실하신 하나님

> 여호와는 네게 복을 주시고 너를 지키시기를 원하며
> 여호와는 그의 얼굴을 네게 비추사 은혜 베푸시기를 원하며
> 여호와는 그 얼굴을 네게로 향하여 드사 평강 주시기를 원하노라
> _ 민수기 6장 24~26절

 1980년 대학을 졸업하고 캘리포니아 주 로스앤젤레스의 UCLA University of California, Los Angeles 의대에 진학했다. 의대 수업은 예상대로 하루하루 무척 고됐다. 처음 2년간은 주로 강의실에서 살았는데 강의 내용이 흥미롭긴 했지만 그다지 즐겁지는 않았다. 그러다 3년 차에 임상 수련이 시작되어 의학의 여러 분야를 익히고 수술법을 배우면서 비로소 즐거움을 누릴 수 있었다. 나는 의학이라는 학문 자체보다 수술 분야에 더 흥미를 느꼈다. 어떤 문제에 대해 토론하기보다 그 문제를 직접 해결하기를 더 좋아하는 성향 때문이었다. 특히 정형외과 수술법을 배우고 나서는 바로 그것이 내가 찾던 일임을 깨

닫게 되었다. 무엇보다 정형외과의 기계적인 측면이 마음에 들었고, 환자가 다시 활동할 수 있도록 각 기관의 기능을 되찾게 도와주는 것이 좋았다. 더욱이 정형외과 팀에서 미래의 남편까지 만났으니 내가 정형외과를 선택한 것은 그야말로 탁월한 선택이었다.

남편인 빌은 이미 스탠포드대 의대를 졸업하고 외과 수련 역시 그곳에서 마칠 예정이었지만, 당시 여자 친구의 직장 때문에 캘리포니아 주로 오게 되었다. 빌은 상당히 많은 '우연'으로 이주했지만, 막상 정형외과 수련을 위해 UCLA에 올 때쯤 여자 친구와 헤어졌다. 나는 친구 페기와 함께 그의 수술 팀에 배치되었다. 빌은 꽤 매력적인 사람이었다. 내가 그의 수술 팀에서 나온 뒤 우리는 데이트를 시작했고, 곧 그와 평생을 함께하고 싶다는 믿음이 생겼다.

나는 의대를 채 마치기도 전에 뉴욕의 권위 있는 정형외과 수련의 과정에 합격했다. 2년 동안 타지에서 일반외과 수련을 받고, 뉴욕에서 정형외과 수련을 마치면 정형외과 의사가 될 수 있었다. 당시 나는 한창 빌과 교제하던 중이라 UCLA에서 2년 동안 먼저 수련을 받기로 했다.

일반외과 수련의 과정이 워낙 혹독했기 때문에 다른 일은 고사하고 밥을 먹거나 잠잘 시간도 거의 없을 정도였다. 하나님의 뜻이 무엇인지 계속 귀를 기울이고 그분의 이끄심대로 살려고 노력했지만, 어느새 나는 하나님을 삶의 뒷전으로 밀어 두고 있었다. 도저히 하나님께 시간을 내드릴 수가 없었던 것이다. 마치 하나님을 내 차 뒷자리에 모셔 둔 것만 같았다. 하나님이 나와 함께하시길 바라면서도 그분 때문에 정신이 분산되는 것은 바라지 않았다. 그렇다고 하나님께 내 차를 맡길 준비도 되어 있지 않았다. 그럼에도 불구하고 하나님이 나를 충분히 기다리고 믿어 주시는 분이라는 사실에 그저 감사할 따름이다. 하나님은 내가 그분을 뒷자리가 아닌 운전석으로 모시고, 차를 운전해 달라고 부탁하기를 기다리신다. 그렇게 하나님께 자동차 열쇠를 맡기면 하나님은 최고의 드라이브를 보장하실 것이다.

그렇다고 해서 당시 내 삶 가운데 하나님의 손길이 전혀 개입되지 않았다는 뜻은 아니다. 최근 들어 비로소 의학계가 치유와 죽음의 과정에 영적인 면이 개입된다고 잠정적으로 인정하기 시작했지만, 환자들은 이미 오래전부터 그것을 직접 체험해 왔다. 나는 수련의 기간 중에도 자신의 영적인 체험에 대해 말하고 싶어 하는 환자들을 많이 만났다. 그들은 대개 수줍어하면서 이야기를 시작했다. 의사인 내 기분을 상하게 하고 싶지 않을 뿐더러 '병원 관계자'라면 자신의 말에 귀 기울이거나 그 말을 믿지 않을 거라고 생각하기 때문이었다. 이처럼 과학과 영성은 오랫동안 공존할 수 없는 영역으로 여겨져 왔다.

간부전증을 앓던 제니퍼라는 열네 살짜리 아이가 있었다. 나는 그 아이가 간 이식 수술을 마친 직후 아이를 담당하게 되었다. 당시만 해도 간 이식 수술이 초기 단계여서 수술 예후가 그다지 좋지 못했다. 제니퍼의 경우 역시 합병증도 많이 나타났고, 새로 이식한 간이 제 기능을 발휘하지 못했다.

간의 중요한 기능 중에 출혈을 막기 위해 응고 물질을 형성하는 기능이 있다. 그런데 이 기능이 제 역할을 다하지 못하면 혈류에 응고 물질이 없어 피부 표면에 상처가 나도 출혈이 멈추지 않는다. 1980년대에는 이런 응고 물질을 대체할 만한 것이 없어서, 새로 이식된 간이 제 기능을 발휘하길 바라면서 제니퍼에게 혈액과 응고 물질이 충분히 들어 있는 혈장과 전혈全血을 여러 차례 수혈했다. 제니퍼는 거의 매일 수술실에서 심각한 출혈 지점을 찾아 통제하는 과정을 반복해야 했다. 아이의 생명을 연장하기는 쉽지 않아 보였고, 계속되는 치료에 아이 역시 점차 지쳐갔다.

하루는 제니퍼가 내게 자신은 죽는 게 두렵지 않지만 부모님을 생각하면 걱정이 된다고 말했다. 처음으로 간부전 증세가 나타났을 때, 제니퍼는 하나님이 자신과 함께하시며, 자신을 사랑하시고, 그분의 '집에 오기를' 바라신다고 부모에게 말했다고 한다. 하지만 제니퍼의 부모는 아이의 말을 인정하지 못했고, 그래서 결국 제니퍼가 간 이식 수술을 받겠다고 동의했던 것이다.

하루는 제니퍼를 또다시 수술실로 데려가려고 준비하는데 아이가 이제 자신은 돌아오지 않을 거라고 말했다. 그리고 우리가 자신에게 해준 모든 것에 감사한다면서 천사들이 함께 있으니 슬퍼하지 말라고 당부했다. 또한 "부모님을 생각하면 마음이 아프지만 이제 나를 놔줄 때가 되었다"라고도 말했다. 나는 그 아이의 말을 들으면서 진실을 받아들였다. 하지만 그날 저녁 아이의 심장이 멈추었을 때 흐르던 눈물은 도저히 막을 수 없었다.

기쁨의 태도

> 위의 것을 생각하고 땅의 것을 생각하지 말라
> _ 골로새서 3장 2절

UCLA에서의 시간은 빠르게 지나갔고, 뉴욕에서 정형외과 수련을 받을 시간이 점점 다가왔다. 빌과 나에게는 다음 세 가지 사실이 확실해졌다.

첫째, 우리는 앞으로 인생을 함께할 운명이다.

둘째, 빌은 이미 정형외과 수련의 과정을 마치고 좋은 직장을 얻었으며, 로스앤젤레스에 가족이 있기 때문에 뉴욕에 가고 싶어 하지 않는다.

셋째, 우리는 장거리 연애를 좋아하지 않는다.

결국 우리는 내가 로스앤젤레스에서 정형외과 수련을 받는 데 의견을 같이했다. 다만 정형외과 수련의 과정이 경쟁률이 높은 데다가 이미 오래전에 자리가 확정되었기 때문에 뒤늦게 자리를 구하기가 힘들 뿐이었다. 캘리포니아 남부의 한 정형외과 수련의 과정 책임자인 빌의 지인과 이 문제에 대해 상의할 기회가 있었다. 그는 근방에는 남은 자리가 없을 테니 원래 계획대로 뉴욕에서 수련을 받는 것이 최선이라고 충고했다. 우리는 무척 실망하고 낙담했다. 우리가 평생을 함께할 운명이라고 믿으면서도 정형외과 수련의 과정을 포기하고 싶지는 않았다. 하나님께 이런 고민을 털어놓고 앞길을 인도해 달라고 기도드렸다. 며칠 뒤 USC_{University of Southern California}에서 정형외과 수련을 받던 외과 의사 한 명이 갑자기 휴직하게 되면서 빈자리가 났다는 소식이 들려왔다. 나는 당장 USC에 전화를 걸어 이력서를 보냈고, 곧 면접시험을 보게 되었다.

  면접관들이 던진 여러 질문 중에는 "가장 최근에 읽은 책이 무엇이냐?"라는 질문도 있었다. 어느 면접시험에서나 흔히 볼 수 있는 질문이자, 지원자들이 자신의 지성과 특이한 관심사를 드러내기에 좋은 질문이었다. 나는 면접시험 직전 휴가를 보내면서 『호빗』 등의 소설을 주로 읽은 터였다. 면접관들에게 깊은 인상을 줄 만한 책 이름이 도무지 떠오르지 않아서 조금은 부끄러운 심정으로 『호빗』에 대해 이야기했다. 그러고는 그 책을 휴가 중에 읽게 되었으며 "중요한 책은 아니고, 그저 판타지 소설이다"라고 덧붙였다.

결국 나는 합격했다. 그런데 나중에 사람의 마음을 읽는 독심술이 있느냐는 농담조의 이야기를 듣게 되었다. 당시 면접관 중 한 명이 말해 준 바에 의하면 그들은 나를 면접하기 전 이미 여러 명을 면접했다고 한다. 그리고 각 지원자들에게 동일하게 "가장 최근에 읽은 책이 무엇이냐?"라는 질문을 던졌는데 다들 외과 수련 중이라는 점을 감안하면 도저히 읽을 여유가 없을 법한 어려운 책의 이름을 댔다고 한다. 그래서 면접관들은 내가 면접실에 들어오기 직전 최근에 읽은 책이 그저 판타지에 불과하다고 말하는 사람이 한 명만 있으면 좋겠다고 이야기했다고 한다.

USC 부속병원 중에서 로스앤젤레스카운티 병원은 빈곤층을 대상으로 의료 서비스를 제공했기 때문에 나는 수련 기간 내내 우리 사회 변방에 속한 많은 환자들을 치료하게 되었다. 그중에는 감방에서 복역하는 사람도 있었고, 이 세상을 조금이라도 나아지게 하려고 노력하는 사람들도 있었다. 멕시코 산골 마을의 사람들과 마찬가지로 그들은 그 어떤 상황에서도 하나님의 사랑과 약속에서 멀어지지 않았다. 그리고 그들이 두드리기만 하면 하나님은 그들을 위해 문을 여셨다.

USC에서 수련하면서 정말 많은 것을 배웠다. 아직도 가끔 떠올리는 삶의 교훈 중에는 미처 예상하지 못한 데에서 배운 것도 있다. 낡은 로스앤젤레스카운티 병원에는 중앙에 엘리베이터가 여러 대 모여 있었다. 1층부터 13층까지 끊임없이 오르락내리락 하는 엘리베이터마다 도우미가 배치되어 사람들이 요구하는 층의 버튼을 대신 눌러 주었다. 그들은 자신의 역할을 소중히 여겼고, 그래서인지 직접 버튼을 누르려는 사람들의 손을 뿌리치기도 했다. 사실 그들의 일은 그다지 필요하지 않은 일인지도 모른다. 나를 포함해서 항상 바쁜 젊은 의사들은 도대체 왜 다른 사람이 엘리베이터 버튼을 눌러 줘야 하는지 이해하지 못했다.

그런데 그들 중 매일 새벽 6시에 출근하는 한 여성이 있었다. 항상 환한 미소를 띠고 진심으로 보람을 느끼며 일하는 그녀는 마치 어둡고 침침한 병원을 밝히 비추는 등대 같았다. 그래서인지 많은 사람들이 그녀의 엘리베이터를 타려고 기다릴 정도였다. 그녀는 주름살이 쪼글쪼글할 정도로 나이가 많았고, 제대로 교육도 받지 못했다. 무례하게 대하는 사람도 있었지만 그녀는 항상 환한 빛을 잃지 않고 사람들과 기쁨을 나누었다.

USC에서 몇 년간 수련의 과정을 밟으면서 그녀에 대해 찬탄과 존경, 심지어 약간의 부러움까지 갖게 되었다. 한번은 그녀에게 어떻게 항상 밝고 행복하게 세상을 바라볼 수 있느냐고 물은 적이 있다. 그러자 그녀는 자신의 즐거움과 힘은 모두 주님께로부터 나온다고 대답했다. 그러고는 자신이 이 세상을 어떻게 할 수는 없지만, 이 세상에 어떻게 반응할지는 선택할 수 있다고 말했다. 그래서 그녀는 '사랑'으로 대처하기로 했다는 것이다.

몇 년 뒤 그녀를 다시 떠올리게 되는 일이 있었다. 와이오밍 주의 한 병원 수술실 간호사에게 그녀를 괴롭히는 상사와 행정관 밑에서 어떻게 일할 수 있느냐고 물어본 일이 있다. 그 물음에 그녀는 "나는 그 사람들을 위해서 일하는 게 아니라 하나님을 위해서 일하거든요"라고 대답했다. 두 사람의 대답은 일맥상통했다.

필요할 때 하나님은 소리치신다

> 우리는 하나님의 진리에 저항하는 중이거나
> 하나님의 진리에 의해 다듬어지고 있는 중이다
> _ 찰스 스탠리

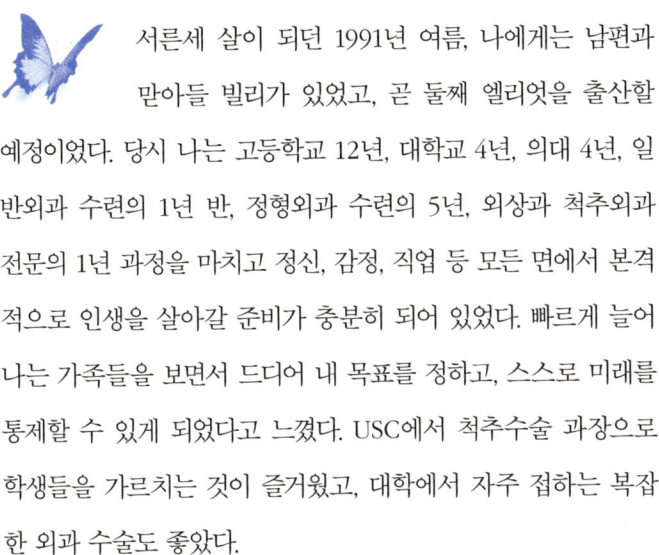서른세 살이 되던 1991년 여름, 나에게는 남편과 맏아들 빌리가 있었고, 곧 둘째 엘리엇을 출산할 예정이었다. 당시 나는 고등학교 12년, 대학교 4년, 의대 4년, 일반외과 수련의 1년 반, 정형외과 수련의 5년, 외상과 척추외과 전문의 1년 과정을 마치고 정신, 감정, 직업 등 모든 면에서 본격적으로 인생을 살아갈 준비가 충분히 되어 있었다. 빠르게 늘어나는 가족들을 보면서 드디어 내 목표를 정하고, 스스로 미래를 통제할 수 있게 되었다고 느꼈다. USC에서 척추수술 과장으로 학생들을 가르치는 것이 즐거웠고, 대학에서 자주 접하는 복잡한 외과 수술도 좋았다.

대학이라는 환경은 흥미진진하고 만족스러웠으며, 대학 교수라는 직위 역시 처음 몇 년간은 아주 흡족했다. 내 삶은 상당히 균형 잡혀 있는 듯했다. 쾌활한 성격의 입주 유모가 낮 시간 동안 아이들을 봐준 덕분에 우리 부부는 각자의 일에 충실할 수 있었으며, 저녁과 주말에는 온전히 아이들과 함께 즐거운 시간을 보냈다. 바닷가 근처에 집이 있어서 아이들과 함께 해변을 산책하거나 배를 타기도 했다. 또한 모래사장에서 바비큐를 즐기고, 박물관에도 가고, 자전거도 함께 배워서 탔다. 근방에 사는 빌의 부모님이 자주 찾아오셨고, 아이들도 할머니와 할아버지를 잘 따랐다. 주말이면 몇 시간을 운전해서 로스앤젤레스 북부 산속에 있는 별장으로 가서 카약을 타거나 아이들과 요새도 만들고 수영하며 편히 쉬었다. 우리 가족은 우리의 삶에 무척이나 만족하며 행복해 했다.

하지만 학생들을 가르치면서 환자를 진료하고, 연구 결과를 학술지에 기고하고, 회의까지 참석하면서 매일 두 시간 이상 통근하는 일이 몇 년간 지속되자 나는 점차 업무에 부담을 느끼기 시작했다. 내 인생 최고의 시간과 에너지를 하나님과 남편, 아이들이 아닌 오로지 업무에 쏟아붓는다는 것이 무척 힘들었다. 일이 지나치게 버겁다고 느꼈으며, 하루가 다르게 자라는 아이들의 모습을 방관자처럼 멀리서 지켜보고 싶지 않았다. 하지만 로스앤젤레스 시내까지 통근하는 시간이 워낙 길어서 낮에 열리는 아이들의 학교 행사에 참석하기가 쉽지 않았고, 특히 미리 공지하지 않은 행사에는 아예 참석할 수 없었다. 더욱이 하나님이 내 삶에 어떻게 관여하시는지, 그리고 내가 어떻게 하나님의 계획에 동참해야 하는지 생각할 시간과 여유도 부족했다. 하나님을 내 삶의 최우선순위로 두겠다는 다짐을 제대로 실현하지 못하고 사는 듯했다.

오늘날 많은 청년들과 부모들이 나와 비슷한 처지일 것이다. 우리 교회 목사님은 이러한 상황에 대해 이렇게 말씀하셨다.

"우리의 일부분, 그러니까 우리의 시간, 능력, 에너지를 요구하는 누군가가 항상 우리를 괴롭힙니다. 우리는 종종 이런 요구에 심신이 지쳐 우리를 향하신 하나님의 부르심을 부담스러워 하게 됩니다."

더욱이 많은 여성들과 마찬가지로 나 역시 워킹맘으로 살아가는 게 녹록지 않았다. 오늘날 사람들은 좋은 엄마, 좋은 아내, 좋은 사람이 되는 동시에 자신의 꿈도 이룰 수 있다고 말한다. 그러기 위해서는 '슈퍼우먼'이 돼야 하기 때문에 여성들은 스스로 '슈퍼우먼'이 될 수 있고, 또 되어야만 한다고 믿는다. 하지만 현실은 타협의 연속이다. 누구에게나 하루는 24시간뿐이 주어지지 않기 때문에 일단 직장과 가족, 개인의 요구에 우선순위를 정한 뒤 낮은 순위는 포기해야 한다. 특히 여성의 경우 살아가는 동안 인생의 우선순위가 계속 변하기 때문에 직장과 가족, 개인이라는 다양한 영역 가운데서 균형을 유지하기가 쉽지 않다. 따라서 가끔씩 삶의 우선순위를 점검하고, 조정할 필요가 있다.

1993년 초, 셋째 벳시를 낳은 뒤 나는 지나온 삶을 되돌아보았다(한밤중에 아기에게 젖을 물리면서 딱히 할 일이 뭐가 있겠는가?). 십대 시절 겪은 자동차 사고, 멕시코에서의 봉사 활동, 플로리다에서의 스쿠버다이빙 사고 등을 돌이켜 보면서 하나님이 내 삶에 분명히 개입하심을 느꼈다. 그리고 내 인생을 향하신 하나님의 계획을 내가 진정으로 따르고 있는지 의문이 들었다. 우리 가족은 환경관리인 제도, 인권, 정의, 세계 평화에 전념한다는 사회적 신조에 매료되어 연합감리교회에 다녔다. 하지만 그 정도로는 충분하지 않았다. 나는 아이들의 영적 행복을 우선시하며, 그들이 예배에 참석할 뿐만 아니라 스스로 하나님과 교제하는 가운데 살아 계신 하나님을 경험하기를 바랐다.

그러나 아이들이 아닌 내가 문제였다. 겉으로는 균형 잡혀 있는 듯 보였지만 실상 내 삶은 점차 균형을 잃어 가고 있었던 것이다. 대학에 계속 머물다가는 내 삶의 올바른 우선순위를 정하기 힘들 것 같았다. 대학이라는 세속적 환경이 갈수록 버겁게 느껴지는 동시에 균형 있고 온전한 삶에 대한 열망은 점차 깊어졌다. 영성을 추구하는 나의 바람은 자아실현이나 권력, 돈을 추구하는 다른 교수들의 욕구와는 어울리지 않았다. 이렇게 영적인 바람과 삶의 괴리감이 점점 더 깊어지는 것을 느끼면서도 하루아침에 직장을 버릴 수는 없었다. 직장에서 무엇을 요구하는지 잘 알고 있었기 때문에 다른 곳으로 이직한다고 해서 지금 겪고 있는 삶의 불균형이 해소될 것 같지도 않았다. 대부분의 사람들처럼 나 역시 낯선 환경으로 옮기는 것보다 이미 익숙해진 직장에 머무는 편이(유쾌하진 않더라도) 편안했다.

돌이켜 보면 그때 하나님은 나를 여러 방식으로 부르시고, 또 내 삶의 방향을 바꾸기를 원하셨던 것 같다. 하지만 내가 하나님의 부르심을 들으려 하지 않았기 때문에 하나님은 크게 소리치셔야 했다.

새로운 외과 의사 몇 명이 정형외과에 들어오면서 작업 환경이 달라졌고, 나는 내가 꿈꾸던 비전과 점점 더 멀어져 갔다. 그러던 중 1996년 정형외과장이 내 부서에 외과 의사 한 명을 새로 배정했다. 나는 의사로서 그의 자질을 의심스러워 했지만 과장은 그에게 이미 마음이 기울어져 있었다. 그가 이전에 근무했던 병원에서 그를 추천했기 때문이다. 정년을 앞둔 그는 의사로서 경력은 화려했지만 활기가 없고 침울해 보여 어울리기가 힘들었다. 또한 앞으로도 함께 일할 수 있을지 걱정이 되었다.

그가 부임해 오고 얼마 뒤, 나는 가족들과 함께 미시간 북부에서 휴가를 보냈다. 첼리스트였던 남편의 외할아버지는 매해 여름 인터라켄 예술고등학교에서 학생들을 가르치셨다. 그래서 시어머니는 어릴 적부터 인터라켄에서 자주 여름을 보내셨고, 자연스럽게 남편 역시 형제들과 함께 그곳에 자주 왔었다. 시댁의 전통을 이어받아 시부모님과 우리 가족도 인터라켄 호수에서 신나게 수영하거나, 블루베리를 따고, 모래 언덕에서 구르면서 즐거운 시간을 보냈다. 하루는 신장개업한 '트래버스시티 파이'라는 가게에 들르게 되었는데 알고 보니 그곳 사장인 데니스가 내 고등학교 동창이었다. 고등학생 시절 우리는 수영반에서 함께 운동하고 신앙을 나누던 사이였다. 남편과 아이들을 먼저 별장으로 보낸 뒤, 나는 데니스와 함께 파이를 먹으며 수다를 떨었다. 각자의 삶에 대해, 또한 고등학교 시절 내가 하나님과 맺었던 약속에 대해서도 이야기를 나눴다.

데니스의 자동차로 별장에 돌아온 뒤, 나는 사랑하는 남편과 귀여운 아이들에 대해 생각해 보았다. 당시 나는 넷째 피터를 막 임신한 참이었다. 데니스와 나눈 이야기를 떠올리면서 현실의 삶과 영적인 욕구가 완전히 일치되면 좋겠다고 또다시 바랐다. 나의 영성, 무엇보다 하나님과 가족을 최우선으로 삼으려는 바람에 대해서 계속 고민했지만 여전히 구체적으로 행동에 옮기지는 못했다.

내 이야기가 어쩌면 당신에게도 익숙할지 모르겠다. 무언가에 대해 고민하고 변화를 다짐하지만 실행에 옮기지 못하다 또다시 같은 다짐을 하고 실패하는 과정을 반복하는 것 말이다. 다행히 하나님은 인내심이 무척 많으신 분이다. 하나님은 우리를 계속 부르시고, 언제나 사랑이 가득한 품 안에 안아 주신다. 나는 마치 내가 다시 한 번 더 기회를 달라고 요청하는 탕자 같다고 생각했지만, 다시 한 번 그리스도 중심의 삶을 살겠다고 다짐했다. 또한 내 일보다 가족의 요구를 우선시하겠다고 다짐했다. 그날의 다짐이 나중에 어떤 결과를 불러올지 당시에는 짐작도 하지 못했다.

휴가를 마치고 나는 로스앤젤레스로 돌아와 교수 회의에 참석했다. 지루한 회의 내용을 뒤로한 채 회의실에 앉아 있는 교수들을 바라보면서 그들의 현재 상태에 대해 생각했다. 과장을 제외한 남자 교수 대부분이 이혼했거나, 바람을 피우거나, 술을 많이 마시거나, 자식에게 문제가 있었다. 나는 내 삶을 돌아보고, 내 미래는 그들과 다르기를 바랐다.

그날 저녁 나는 교수직을 사임해야겠다고 최종 결정을 내렸다. 그러자 기쁨과 슬픔이 동시에 몰아쳤다. 무엇보다 인품이 좋은 과장과 헤어지기가 섭섭했고, 또 그를 실망시키기도 싫었다. 하지만 드디어 일의 굴레에서 벗어나 자유로워질 수 있다고 생각하니 마음이 날아갈 듯 가벼웠다. 당장이라도 사임하고 싶은 마음에 다음날 아침이 되자마자 과장에게 전화를 걸어 최대한 빨리 사임하고 싶다고 말했다.

그 뒤 한 달 만에 대학에서 사임하고, 남편의 정형외과 팀에 합류했다. 하나님의 부르심을 듣지 않은 나를 그냥 지나치지 않으시고 다시 한 번 소리쳐 불러 주신 것에 깊이 감사했다. 돌아보니 대학에서 물러난다는 결정을 내릴 때까지 여러 사건과 '우연'이 나를 찾아왔던 것 같다. 내가 결단을 하도록 하나님이 끊임없이 나를 불러 주신 것이다.

굴레에서 벗어나

> 사람이 마음으로 자기의 길을 계획할지라도
> 그의 걸음을 인도하시는 이는 여호와시니라
> _ 잠언 16장 9절

    남편은 어린 시절을 로스앤젤레스에서 보냈다. 그렇다고 해서 우리 가족까지 그곳에 정착할 계획은 없었다. 다만 그의 부모와 형제가 가까이에 살았기 때문에 우리도 로스앤젤레스에 살았던 것이다. 그러다가 그의 형제들이 다른 주로 이사했고, 시부모님도 은퇴하신 뒤 캘리포니아 북부로 이주할 계획을 갖고 계셨다. 이제 나까지 직장을 그만두었으니 더 이상 로스앤젤레스에 묶여 있을 이유가 없었다. 내가 내 삶의 우선순위를 다시 정한 것처럼, 우리 가족도 우선순위를 다시 정할 기회가 찾아온 셈이었다. 우리 부부는 로스앤젤레스보다 덜 번잡하고, 아이들이 날마다 가까이에서 자연을 경험할 수 있는 곳으로 가고 싶었다.

우리는 각자 살고 싶은 곳에 대한 벤 다이어그램을 함께 그려 보았다. 벤 다이어그램은 두 개의 원으로 이루어져 있으며, 두 원이 겹치는 부분이 공통되는 교집합 부분이다. 우리가 그린 벤 다이어그램은 아래와 같았다.

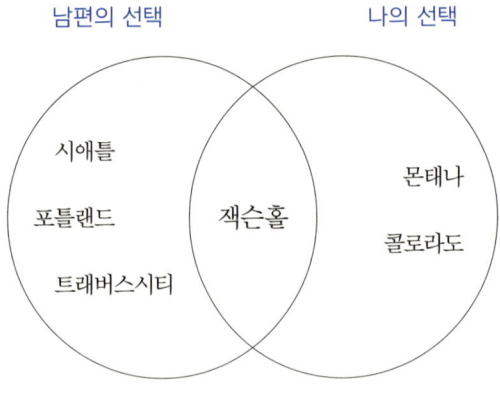

우리 가족은 야외 활동을 좋아해서 자전거나 카약, 보트, 스키 같은 운동과 캠핑을 즐겼다. 남편과 나는 아이들과 함께 맑은 공기와 아름다운 환경, 풍부한 여가 활동까지 누릴 수 있는 아름다운 장소를 찾았다. 마침 우리 둘 다 와이오밍 주의 잭슨홀을 떠올렸다. 잭슨홀은 높은 화강암 산과 아름다운 강과 호수, 다양한 야생 생물이 서식하는 숲과 계곡이 있는 전원 지역이었다. 주민은 약 2만 명 정도였고, 세계적 수준의 계절 스포츠를 즐길 수 있어 아이들을 키우기에 정말 안성맞춤이었다. 다만 정형외과 의사가 두 명이나 잭슨홀에서 일자리를 구하기는 쉽지 않아 보였다. 우리는 다시 벤 다이어그램을 들여다보다가 결국 로스앤젤레스에 그대로 머물기로 결정했다. 우리는 행복했으며 '하나님이 하시도록 놔두는' 방법을 터득했기 때문이다. 그래서 때가 되면 하나님이 우리를 위해 준비하신 계획을 보여 주실 것이라고 확신했다.

이런 결정을 내리고 몇 주가 지난 뒤, 빌이 의학 학술지를 보다가 우연히 잭슨홀과 관련된 광고를 보았다. 잭슨홀의 정형외과 단체에서 척추전문의를 찾는다는 내용이었다. 빌은 이 광고를 계기로 우리의 미래가 바뀔 수도 있겠다는 생각이 들어 잠시 주저하다가 내게 그 광고를 보여 주었다. 나는 그 광고를 보자마자 지원서를 냈다. 곧 면접을 봤고, 결국 합격했다. 그로부터 넉 달이 채 지나지 않아 우리는 여러 대의 자동차와 보트, 아이들, 고양이까지 이끌고 와이오밍으로 향했다.

우리가 새로 이주한 동네는 정말 근사했다. 동네 사람들은 활기가 넘쳤고, 우리가 잘 정착하도록 도와주었으며, 지천에 놀 거리가 정말 많았다. 우리는 곧장 '새로운' 삶으로 뛰어들었고, 아이들도 새로운 기회를 즐겁게 받아들였다.

와이오밍으로 이사하기 직전에 남편은 당시 아홉 살이던 첫째 윌리와 함께 캘리포니아에서 열린 카약 캠프에 참가했다가 캠프 책임자인 톰과 친구가 되었다. 캘리포니아 남부 출신인 톰과 데비 부부는 1970년대 초 아이다호 주 보이시로 이주했고, 1975년에 파예트 강의 캐스케이드 래프팅과 카약 회사를 인수했다. 그 부부와 처음 만났을 때 십 대인 그들의 세 아들은 카누와 카약 선수로 이미 국제 수준의 대회에서 이름을 날리고 있었다. 케네스와 채드는 C-2 경주_{급류와 격류에서 2인 1조로 경주하는 카누 경기}, 그리고 트렌은 개인 카약 경기에 출전했다. 톰 가족은 겨울에는 칠레의 강에서 전지훈련을 했고, 훈련 비용을 마련하기 위해 미국인을 대상으로 칠레 강 여행을 주선해 왔다.

톰 가족과 점점 가깝게 지내면서 우리 부부는 그들과 함께 칠레 여행을 하는 것에 대해 상의했다. 우리는 톰 가족을 좋아했고, 파예트 강에서 함께 카약을 타는 것도 정말 재미있었기 때문이다. 1998년 여름, 우리 부부는 칠레 여행을 가기로 결심했다. 아이들 모두 어느 정도 자랐고, 마침 1월에 남편의 생일도 있어서 아이들은 두고 우리 부부만 카약 여행을 가기로 했다.

칠레에서의 모험

> 분명히 사람은 자기의 시기도 알지 못하나니
> _ 전도서 9장 12절

 1999년 1월, 아이들을 유능한 보모에게 맡기고 남편과 함께 와이오밍의 아름다운 겨울을 떠나 칠레의 즐거운 여름으로 향했다. 막내 피터가 태어난 뒤 남편과 단둘이 가는 여행은 처음이라 더욱 기대가 컸다. 비행기를 타고 산티아고에서 남쪽으로 일곱 시간 거리에 있는 테무코에 도착한 뒤, 차로 한 시간 더 이동해서 최종 목적지인 푸콘에 도착했다. 푸콘은 깊고 아름다운 빌라리카 호수 연안의 휴양지로, 약 3,000미터 높이의 빌라리카 화산 자락에 자리 잡은 번화한 마을이다. 또한 푸콘은 칠레 9지역의 중심으로 '호수 지구'라고도 불렸다. 이 지역에는 빙하로 덮인 화산이 많았는데 이 빙하에서

흘러내린 차갑고 깨끗한 물이 모여 아름다운 강과 호수를 이루었다.

우리는 톰 가족과 함께 집을 빌렸다. 톰 가족은 톰과 데비 부부, 스무 살이 된 아들 케네스와 앤 부부, 열여덟 살의 채드, 그리고 열여섯 살의 막내 트렌까지 모두 여섯 명이었다.

첫 주에는 톰과 함께 칠레 남부의 급류에서 카약을 타며 즐거운 시간을 보냈다. 우리 부부는 카약를 잘 타는 편이었지만, 거기에 만족하지 않고 아름답지만 위험한 급류에서 수없이 노를 저으며 카약을 타는 에스키모롤 기술을 연마했다. 또 스페인어 교습도 받고, 칠레의 멋진 문화에 푹 빠진 채 마을과 호수의 수려한 경치도 즐겼다. 저녁에는 마을까지 내려가서 아이스크림을 먹고 돌아와 모닥불 주변에 모여 앉아 수다를 떨었다. 느긋하게 하루하루를 보내면서 곧 끝날 휴가를 아쉬워했다.

우리는 칠레에서의 마지막 카약 타기 계획도 세웠다. 톰과 케네스, 앤, 채드, 그리고 함께 배를 타본 경험이 없는 미국인 몇 명과 톰 가족과 함께 일하는 칠레 청년과 함께 푸이 강에서 카약을 타기로 한 것이다. 푸이 강은 칠레 남부 로스리오스 지역을 흐르는 강으로, 피리우에리코 호수의 북단에서 시작된다. 그리고 초수엥코 화산의 북쪽 산기슭을 따라 흘러가 넬투메 강과 합류하여 양키우에서 강을 이루다가 빙하호인 팡키푸이 호수로 들어간다. 우리 부부는 카약을 잘 탔고, 미국에서도 위험한 급류 타기에 여러 차례 도전한 경험이 있기 때문에 푸이 강 상류에서 카약을 타고 내려오는 그 계획을 무척이나 기대하고 있었다. 푸이 강은 아름다운 열대 풍광과 더불어 위험한 폭포로도 명성이 자자했다. 푸이 강의 폭포는 높이가 3미터에서 6미터까지 다양했는데, 쉽진 않아도 시도해볼 만했다.

우리 일행은 팡키푸이 호수 인근의 주민 625명이 사는 초수 엥코라는 작은 마을에 도착한 뒤 강의 안쪽으로 들어갔다. 깊은 숲속이라 인적도 드물고 아직 개발되지 않은 외딴 곳이었다. 그런데 하필이면 그날 아침 남편이 심한 허리 통증 때문에 결국 카약 타기를 포기해야 했다.

그날은 열대의 전형적인 화창하고 따뜻한 날씨였다. 나 역시 카약을 타는 것이 그다지 내키지 않았지만, 내 성격이 사교적인 편이 아니라 모르는 사람들과 한 팀이 되는 것이 어색하고 불편해서 그런가 보다 싶었다. 나중에 들은 바로는 앤도 나와 비슷하게 불편한 심정이었다고 한다. 앤은 푸이 강에 대해 완전히 파악하지 못한 데다가 계획보다 일정이 미루어지고, 또 함께 배를 타 본 적이 없는 사람들과 함께해서 그런가 하고 생각했다고 한다. 무슨 이유에서든 앤 역시 부담감을 느끼고 있었던 것이다.

빌은 우리를 출발 지점에 내려 주었고, 거기서 우리는 함께 카약을 탈 다른 미국인들과 만났다. 누군가가 내가 짙은 패들용 셔츠 대신 남편의 빨간 드라이톱 점퍼를 입고 있어서 알아보기 쉽다는 말을 하기도 했다. 사람들은 폭포를 따라 낙하하다가 곤두박질이라도 치면 척추가 골절될 수도 있겠다는 생각에 불안해하면서도 마침 내가 척추전문의여서 다행이라고 말했다. 우리 일행이 강에 들어갈 때 채드가 남편에게 외쳤다.

"사모님은 무사히 모셔다 드릴게요. 1인치도 줄이지 않고요"
(내가 혹 곤두박질하더라도 척추가 부러지지 않을 것이라는 농담이었다).

남편은 햇볕이 잘 드는 곳을 찾아 트럭을 타고 가 버렸다. 책을 읽으면서 시간을 보내다가 그날 늦게 우리 일행이 도착하는 지점에서 다시 만날 계획이었다.

카약을 타고 강을 내려가기 시작할 때 딱히 순서가 정해져 있지는 않았지만, 나는 일행 중에서 한 여성과는 거리를 두려고 노력했다. 그녀는 아직 기술이 부족하고, 경험도 적어 자신의 한계를 잘 알지 못했기 때문에 나로서는 두려운 존재였다. 그래도 아름다운 오후에 폭포를 탈 생각을 하니 흥분이 되었다. 우리 일행은 곧 첫 번째 낙하지점에 다가섰다. 우리는 일단 에디(큰 바위의 아래쪽이나 해안 근처의 물이 천천히 흐르는 지점)에 모여 어떻게 이동할지에 대해 상의했다. 강은 오른쪽으로 점차 좁아지는 반면 왼쪽이 넓은 편이었는데 좁은 곳이 예측하기 쉽고 직선 경로

였기 때문에 우리는 오른쪽으로 방향을 잡기로 했다. 낙하지점에는 급류가 흐르고, 경사가 가팔랐으며, 수압도 대단했다.

선두에서 배를 탄 여성이 강의 오른쪽을 향해 노를 저었지만, 각을 너무 넓게 잡는 바람에 배가 옆으로 기울어지면서 낙하지점 옆에 있던 두 개의 큰 바위 사이에 끼였다. 다행히 그 여성은 배에서 빠져나와 낙하지점 아래 잔잔한 물로 입수했다. 그때 나는 이미 에디에서 빠져나온 터라 내 앞에서 첫 번째 배가 진로를 막고 있는 것을 보면서도 속도를 줄일 수 없었다. 그래서 어쩔 수 없이 왼쪽으로 노를 저었다.

그때 내가 처음부터 거리를 두고 싶어 하던 여성의 배가 갑자기 내 뒤쪽 에디에서 내 앞으로 튀어나갔다. 그녀는 약간 흔들거리다가 뒤편의 낙하지점으로 향했다. 그녀의 배가 낙하지점의 급류 속 바위틈에 끼었지만 내 위치에서는 그 사실을 전혀 알 수 없었다. 그녀는 간신히 배에서 빠져나와 아래쪽 웅덩이 중앙의 큰 바위를 향해 헤엄쳤다. 나는 그녀에게 그런 위험 상황이 닥쳤는지 몰랐고, 또 안다고 해도 선택의 여지도 없었기 때문에 계속 노를 저었다. 마침내 폭포의 꼭대기에 이르러서야 큰 문제가 생겼다는 사실을 알아챘다. 아래쪽으로 엄청난 양의 물이 쏟아지며 격렬하게 휘몰아치고 있었다. 물결이 용솟음치며 엄청난 수압이 형성되는 것을 보았지만 다른 길이 없었다.

나는 크게 숨을 들이마시고 폭포로 떨어지는 모험을 강행했다. 엄청난 양의 물이 빠른 속도로 떨어지고 있었지만 앞을 막고 있던 배 때문에 아래로 내려갈 수가 없었다. 내 배는 급강하하다가 그 배와 암석 사이에 끼고 말았다. 순식간에 물살이 내가 타고 있던 배와 앞을 가로막고 있던 그 배를 집어삼켰다. 카약에 똑바른 자세로 앉아 있던 내 몸 위로 물이 쏟아졌고, 나는 내 배와 함께 또 다른 배 아래 파묻혔다. 물살이 너무 강해 마치 내가 헝겊 인형이 된 기분이었다. 내 몸은 물살에 짓눌려 배 앞쪽 갑판에 구부러졌고, 양팔은 무력하게 물살에 끌려갔다.

앤은 오른쪽으로 노를 저어가서 앞을 가로막고 있던 배를 쳐내고 아래의 웅덩이를 향해 전진했다. 채드도 낙하지점에 이르렀지만 수심이 깊어 그가 노를 젓는 배 밑으로 다른 배 두 척이 있고, 그 사이에 내가 끼어 있다는 것을 전혀 눈치 채지 못했다. 그러다 채드와 앤은 아래의 웅덩이에 도착해서 가장 선두에 있던 여성이 배에서 빠져나와 헤엄치고 있는 것과 그녀의 배가 오른쪽 수로에서 벗어난 것을 발견했다. 그리고 곧 또 다른 여성(그 여성의 배가 바로 내 배 위에 있었다)이 헤엄치는 것을 보고 깜짝 놀랐지만, 그녀의 배가 어디 있는지는 확인하지 못했다. 상황을 파악하려고 에디 쪽으로 노를 저어간 채드는 선두에서 배를 몰던 여성을 보았고, 바위 사이에 낀 그녀의 배는 앤이 이미 강둑으로 이동시킨 뒤였다. 그리고 채드는 헤엄치던 또 다른 여성이 강 한가운데 바위에 앉아 있는 것을 보았다. 그리고 얼마 뒤 강 밑바닥에 가라앉은 그녀의 빨간 배를 발견했다.

 이미 일행들이 제각각 흩어져 있는 상황이라 앤과 채드는 모두의 소재를 파악하기 힘들었다. 일부는 낙하지점 아래로 내려왔고, 일부는 아직도 낙하지점 위에 있었다. 몇 분이 지나고 몇 번이나 사람 수를 확인한 뒤에야 앤은 나와 내 배가 없어졌다는 사실을 알아차렸다. 앤은 긴급 상황을 많이 경험해 봤기 때문에 당장 스톱워치로 시간을 재기 시작했다.

강에서 죽음을 맞다

> 내가 사망의 음침한 골짜기로 다닐지라도
> 해를 두려워하지 않을 것은 주께서 나와 함께하심이라
> 주의 지팡이와 막대기가 나를 안위하시나이다
> _ 시편 23편 4절

 급류에서 카약을 탈 때면 자신의 몸을 카약과 스프레이 스커트 안에 딱 고정해야 한다. 스프레이 스커트는 카약 선수의 허리를 감싸는 네오프렌 재질의 시트로, 물이 배 안에 들어오지 못하도록 조종석에서부터 갑판을 모두 덮는 장치다. 그때 스프레이 스커트 전면에 부착된 그랩 룹이라는 천이 조종석 주변을 전부 덮는데, 배에서 내릴 때는 이 그랩 룹을 잡아당겨서 스프레이 스커트를 열고 두 다리의 추진력을 이용해서 밖으로 빠져나오면 된다.

내 배가 폭포 밑에서 옴짝달싹 못하는 처지가 된 것을 처음 알아챘을 때, 나는 당황하거나 허둥대지 않고 기본적인 기술을

이용해서 배에서 빠져나오려고 노력했다. 그랩 롭을 잡아당겨 보려고 여러 차례 시도했지만 세차게 낙하하는 폭포수의 엄청난 수압 때문에 계속 실패했다. 발 받침대를 눌러 보거나 배를 흔들어 보고 가족들을 떠올리며 배 밖으로 나가려고 필사적으로 애썼지만 곧 내 힘으로는 아무것도 할 수 없다는 것을 깨달았다.

이전에도 하나님이 내 생명을 몇 번 살려 주신 적이 있기에 나는 다시 한 번 하나님께 매달렸다. 그렇다고 무작정 구조를 요청한 것은 아니었다. 하나님이 나를 사랑하시고, 나를 위한 계획을 갖고 계시다는 것을 알고 있었기에 오직 그분의 계획이 이루어지게 해달라고 기도했다. 이렇게 하나님께 의지한 순간, 나는 절대적인 평안과 평화를 느꼈다. 마치 누군가의 품에 안겨 누군가 나를 어루만지며 위로해 준다는 느낌에 압도되었다. 어린 시절 어머니의 품속에서 사랑받을 때 느꼈던 바로 그 기분이었다. 그리고 이제 어떤 결과가 생기든 다 괜찮다는 확신이 들었다.

남편과 아이들, 톰 가족을 떠올려 보았다. 지나온 삶과 하나님과의 관계에 대해서도 생각했다. 하나님이 나를 안아 주신 것에 감사했으며, 내 몸이 그분의 품 안에 있다는 강렬한 느낌이 경이롭기까지 했다. 그 순간, 어린 시절 친구의 집에 붙어 있던 시가 갑자기 떠올랐다. 그리고 친구의 집에 놀러갈 때마다 무심코 읽었던 그 시의 의미가 비로소 이해되기 시작했다. 캐롤린 조이스 카티의 「모래 발자국」이라는 시였다. 지금도 나는 이 시가 담긴 액자를 우리 집과 사무실에 걸어 두고 날마다 읽고 있다.

어느 날 밤에 한 남자가 꿈을 꾸었다.
주님과 함께 해변을 걷는 꿈이었다.

하늘에 그의 지나온 삶이 반짝였고
그때 그는 모래 위에 새겨진 발자국 두 쌍을 보았다.
하나는 그의 것이고, 또 하나는 주님의 것이었다.

그의 삶의 마지막 장면이 눈앞에서 반짝일 때
그는 그의 인생에서 가장 낮고 슬픈 순간에
발자국이 항상 한 쌍뿐이었다는 것을 기억해 냈다.

그는 낙담해서 물었다.
"주님, 제가 주님을 따르겠다고 결심하면
언제나 함께 걸어 주실 거라고 말씀하셨죠.
그런데 제가 가장 주님을 필요로 할 때
주님이 왜 저를 떠나셨는지 모르겠어요."

주님이 대답하셨다.

"사랑하는 아들아,

나는 너를 사랑하고, 절대 너를 떠나지 않는다.

네가 고통받고 시련당할 때,

네가 발자국 한 쌍만을 봤다고 이야기하는 때……

바로 그때 내가 너를 업고 갔단다."

하나님이 나와 함께하시며 나를 안아 주신다는 것을 느끼는 동시에 나는 내가 처한 막막한 상황을 분명히 인식하고 있었다. 강력한 수압은 내 몸을 압도했고, 급류에 몸이 이리저리 휩쓸리고 있었다. 눈과 귀로 정확히 보거나 듣지는 못해도 외부적 환경과 내면에서 일어나는 일을 정확히 느끼고 있었다. 나는 하나님의 임재 가운데 편안하고 침착했다. 어느새 숨 쉬려는 노력마저 멈추게 되었다. 그때 나는 이제 죽는다고 생각했다. 그 순간 아이들과 남편 생각이 났다. 어머니이자 아내인 내가 죽으면 그들이 어떻게 될까 생각하다가 그렇더라도 남은 가족들을 걱정할 필요는 없겠다는 확신이 들었다.

나는 물속에서 죽음을 기다리면서 지나온 삶을 돌아보았다. 내가 했던 수많은 선택, 즐거움과 후회에 이르기까지 많은 생각을 했다. 그러다 내가 얼마나 지쳐 있는지를 깨달았다. 생각하는

데 지치고, 기다리는 데 지쳤다. 이제 어떤 여행이든 계속할 준비가 되어 있었다. 어느 쪽이든 상관없다는 확신이 서자 나는 더 이상 참지 못하고 하나님께 "서둘러 달라"고 촉구했다.

구조

> 사람으로는 할 수 없으되 하나님으로는 그렇지 아니하니
> 하나님으로서는 다 하실 수 있느니라
> _ 마가복음 10장 27절

내가 물속에서 깊은 평안과 평화, 지루함을 경험하는 동안 일행들은 그다지 평온하지 못했다. 채드는 내가 없어진 걸 알아채고 미친 사람처럼 나와 내 배의 소재를 파악하려고 애썼다. 그는 자기 배에서 빠져나와 상류로 올라가기 시작했다. 톰은 아들이 바위 쪽으로 뛰어내리는 것을 보고 큰 소리로 아들을 불러 배 한 척이 바위 사이에 끼어 있고, 나와 내 보트가 실종되었다는 소식을 전했다. 그러고는 외쳤다.

"반드시 찾아야 해!"

채드는 위쪽의 바위 턱에 도착해 주요 수로 근처에서 내가 썼던 빨간 헬멧과 비슷한 것을 발견했다. 그는 소리를 질러 그 사

실을 알렸고, 톰과 케네스까지 모두 그 바위 턱에 모여 주변을 살펴보았다. 내 헬멧이 보이긴 했어도 수심이 120센티미터가 넘는 데다가, 그들이 있는 바위 턱과 헬멧 사이에는 엄청난 급류가 흐르고 있었다. 수심이 깊고, 물의 흐름도 너무 빨라서 어느 누구도 선뜻 물속으로 들어갈 수 없었다. 게다가 바위 턱과 헬멧 사이의 폭이 넓어 가로질러 갈 수도 없는 상황이었다. 그야말로 '가깝고도 먼' 상태였다. 톰은 채드에게 자기를 붙잡으라고 하면서 아래쪽으로 몸을 기울여 보았다. 톰은 어떻게 해서라도 내 배에 손을 뻗으려고 했지만, 헛수고였다. 그 뒤로도 여러 차례 내 배를 향해 손을 뻗어 보았지만 한탄과 절망감만 쌓일 뿐이었다. 나중에 톰은 당시 자신과 채드, 케네스 모두 '참담한 공포'에 휩싸였었다고 말했다.

앤을 비롯한 나머지 일행은 무기력함과 절망에 빠진 채 아래쪽 웅덩이에서 대기하고 있었다. 톰 가족은 급류 구조 경험이 많았지만 이번에는 아무 소용이 없었다. 절친한 친구인 내가 위험에 빠졌는데도 구조할 방법이 전혀 없었다. 어떤 수를 써 봐도 도무지 효과가 없었다. 시간이 점점 느려지다가 그대로 멈춘 것 같았다.

톰이 내 쪽으로 접근하려다가 또다시 실패하고 수면으로 떠올랐을 때, 채드는 "어서 서둘러요"라고 고함을 쳤다. 사고 이후 이미 몇 분이 흘렀고, 위급 상황에서 일 분 일 초가 얼마나 중요한지 모두 잘 알고 있었다. 자칫하면 인명 구조가 아니라 시신 인양을 해야 할 상황이 되기 때문이다. 채드와 케네스는 물의 흐름을 돌려서 내 배에 접근하는 방법 등 여러 대책을 강구했다.

마침내 톰은 거의 포기할 직전에 이르러 또다시 바위 위로 기어 올라갔다가 그새 상황이 완전히 달라졌음을 느꼈다. 어둠 속에서 전등 스위치를 켤 때처럼 전과 후의 상황이 확연히 바뀐 것이다. 톰은 자신들이 마치 '키스톤 캅스'1910년대 동명의 무성영화에 등장하는 무능한 경찰들-역자처럼 무능하게 몇 분을 낭비했고, 이제 모든 것이 달라졌다는 것을 깨달았다. 그는 주변 공기가 달라졌으며, 하나님이 그들과 가까운 곳에 계심을 느꼈다. 그리고 하나님의 분명한 음성을 들었다.

"참으로 애처롭구나. 너희가 한 일이 아무 효과가 없으니 이제 내가 개입하겠다."

그 순간, 톰은 하나님의 통제하심을 느꼈다. 톰은 아들 채드에게 이런 상황을 설명하기 위해 "초자연적인 일이 일어난 게 분명해"라고 말했다. 하지만 채드는 그 말을 '초자연적인 노력을 기울여야 한다'는 뜻으로 오해하고 "지금도 최선을 다하고 있다"라고 대답했다. 그러자 톰이 말했다.

"아니, 그런 뜻이 아니라 정말로 하나님의 초자연적인 역사가 일어나고 있다고!"

그 뒤, 여러 가지 일이 벌어졌다. 톰 일행과 내 배 사이를 가로막고 있던 물 한가운데에 갑자기 마른 바위가 나타났다. 그들은 그 바위에 올라 내 배를 향해 손을 뻗었다. 채드는 흐르는 물에 휩쓸리지 않으려고 두 다리를 벌려 자세를 고정한 채 내 배를 향해 손을 뻗었다. 그는 세계 대회에 출전할 정도로 젊고 강인한 운동선수였기에 이번에는 성공하리라 확신했다. 그는 "자동차 밑에 깔린 아이를 구하기 위해 그 차를 들어 올린 어머니처럼 초자연적인 힘이 생길 거야"라고 중얼거렸다. 그리고 배를 붙잡은 두 손에 온 힘을 기울였지만 아무 일도 생기지 않았다. 결국 그는 절망하며 도저히 나를 구할 수 없겠다고 생각했다. 케네스 역시 내 배를 움직여 보려고 했지만 배는 꼼짝도 하지 않았다.

케네스와 채드, 그리고 톰은 자신들의 힘으로는 도저히 배를 움직일 수 없다는 것을 깨닫고 완전히 무기력해졌다. 그들은 하나님이 개입하셔야만 변화가 일어난다고 생각했다. 그 뒤 그들이 다시 한 번 내 배를 향해 손을 뻗었을 때 '아무 소리도 없는 음속 폭음'을 느꼈다고 톰은 나중에 말해 주었다. 그때 내 배가 미동하는 바람에 채드는 그만 물속에 빠졌다.

이 '음속 폭음'이 일어나는 동안 배가 움직였고, 내 몸은 좀 더 많이 급류에 노출되었다. 급류 때문에 구명조끼와 헬멧이 벗겨지고, 곧이어 내 몸까지 배에서 떨어져 나갔지만 아무도 그 상황을 목격하지 못했다. 채드만 강물을 따라 흘러가는 빨간 물체를 보고, 그것이 내 구명조끼라는 것을 알아챘다. 그는 내 가족들을 위해 그 조끼를 챙겨야겠다는 생각으로 물속에 뛰어들었다. 그때까지만 해도 그는 내가 그 물속에 있다는 것을 전혀 모르고 있는 상태였다. 그런데 수면에 떠오르는 구명조끼를 거머쥐다가 내 몸이 그의 다리에 부딪히는 것을 느끼고, 그는 곧바로 내 손목을 붙잡은 뒤, 나를 단단히 붙들어 수면 위로 올렸다.

배에서 대기 중이던 앤이 노를 저어 다가왔다. 그녀는 온몸에서 산소가 빠져나가 자주색으로 퉁퉁 부은 내 몸을 물가로 옮겼다. 내 두 눈은 완전히 생기를 잃은 상태였다. 톰 가족은 그동안 수상 구조법 강좌를 해왔기 때문에 파예트 강에서 사고가 나면 항상 가장 먼저 불려 가 시신을 건져 낸 경험이 많았다. 그러나 이번에는 달랐다. 채드는 "사랑하는 사람의 죽음을 지켜보면서 절망했다"라고 고백했으며, 모두들 나를 구하지 못했다는 처절한 좌절감에 사로잡혀 있었다. 톰은 당시 분위기를 "대형 자동차 사고 현장처럼 참담했다"라고 전했다.

그들은 나를 강둑으로 옮겨 상태를 살피고 인공호흡을 시작했다. 앤이 시간을 잰 이후 11~14분 정도가 지났기 때문에 모두 침울한 분위기였다. 심폐소생술을 시작하자 어떤 사람은 "설사 살아도 식물인간이 될 것이니 살려서는 안 된다"라고 주장했고, 또 어떤 사람은 당시 상황을 녹화하려고 하는 등 모두 정신이 나간 듯한 분위기였다.

심폐소생술에서 가장 기본적인 규칙은 소생 대상자가 살아나거나 사망 선언이 내려질 때까지 감정을 배제하고 심폐소생술을 시행하는 것이다. 하지만 톰과 케네스, 채드는 다름 아닌 자신들의 친구인 내가 그 대상자라는 사실을 배제할 수 없었다. 그들은 심폐소생술을 진행하는 내내 나를 살려 달라고 기도하며 끊임없이 내게 말을 걸었다.

"메리, 우리 곁을 떠나면 안 돼요. 당신이 아직 살아 있다는 거 알아요. 돌아와요. 제발 숨 좀 쉬어요."

마침내 내가 큰 숨을 내쉬었지만 그들은 그것이 회생을 알리는 것인지 아니면 죽기 직전 마지막 호흡인지 구분할 수 없었다. 다시 내가 숨을 쉬지 않자 그들은 내 이름을 부르면서 숨을 쉬라고 애걸했다. 나는 그들의 요청에 따라 다시 힘들게 숨을 내쉬었다. 그 뒤로 그들이 내 이름을 부르고, 나는 힘들게 숨을 내쉬는 상황이 여러 번 반복되었다.

내가 숨을 내쉴 때마다 그들의 얼굴은 환해졌고, 내가 숨을 멈출 때마다 완전히 잿빛이 되었다. 또한 내가 숨을 내쉴 때마다 그들의 시간은 정상적으로 흘러갔고, 내가 숨을 멈출 때 그들의 시간도 함께 멈추었다. 그렇게 간간이 숨을 쉬는 와중에 나는 기이하고 부자연스러운 비명을 내질렀다. 그 모습이 그들의 눈에는 마치 내가 아직 무언가에 갇혀 있는 것처럼 보였고, 그것은 그들의 가슴을 아프게 했다. 그들은 계속 나를 살려 달라고 기도했다. 영겁처럼 긴 시간이 지나고 나는 좀 더 정상적으로 숨을 쉬기 시작했고, 그들의 시간도 '정상적'으로 흐르기 시작했다.

집으로

> 내가 확신하노니 사망이나 생명이나 천사들이나 권세자들이나
> 현재 일이나 장래 일이나 능력이나 높음이나 깊음이나
> 다른 어떤 피조물이라도 우리를 우리 주 그리스도 예수 안에 있는
> 하나님의 사랑에서 끊을 수 없으리라
> _ 로마서 8장 38~39절

강한 물살 때문에 내 헬멧과 구명조끼가 서서히 벗겨졌고, 그 물살에 내 몸도 곧 떠내려갈 것 같았다. 나는 갑판 밑에 두 다리를 앞으로 뻗고, 허리를 구부린 채로 앉아 있었다. 한편 내 몸과 두 팔은 갑판 위에서 강한 물살에 눌려 있었다. 나는 강력하게 낙하하는 물살을 정면으로 받고 있었기 때문에 그 압력에 못 이겨 점차 몸이 움직였다. 상반신은 조종석 앞쪽으로 계속 밀렸지만, 하반신은 물살과 같은 방향이라 그대로 움직이지 않은 채 두 무릎만 상반신의 움직임에 따라 뒤로 꺾이게 되었다.

이런 상황이 비교적 서서히 진행되는 동안 나는 아직 의식이

있었기 때문에 내가 처한 상황을 잘 파악할 수 있었다. 섬뜩하게 들릴지 몰라도, 정형외과의로서 무릎뼈가 부러지고 인대가 찢어지는 것을 직접 겪으면서 신체의 어느 부위가 어느 정도 손상되었는지 가늠해 보기도 했다.

당시 아무런 고통을 느끼지 못했지만 혹시 무의식중에 비명을 지르지는 않았는지 궁금했다. 그래서 신속하게 여러 정황을 살펴보았지만 나는 내가 전혀 비명을 지르지 않았고, 실제로도 전혀 고통을 느끼지 않고 있다는 것을 깨달았다. 왠지 축복을 받은 듯한 기분이었다. 항상 물에 빠져 죽는 것을 두려워했던 나로서는 참으로 기이한 현상이었다.

마침내 내 몸이 천천히 배에서 빠져나올 때, 내 영혼도 몸에서 천천히 벗어나는 느낌이 들었다. 그리고 내 몸이 배와 완전히 분리되어 급류에 흔들리는 것이 느껴졌다. 이 느낌은 내 육체가 마지막으로 체험한 감각이기도 했다. 그 뒤, 나는 강바닥에 쓸려 피부가 찢겨지고, 채드의 다리와 부딪히고, 강둑으로 옮겨진 것을 전혀 느끼지 못했다.

내 몸이 배에서 빠져나와 빠르게 움직일 때, 순간 '펑' 하며 내 육체가 무거운 껍질을 벗어던지고 자유로워진 기분을 느꼈다. 나는 일어나서 강 밖으로 나왔고, 내 영혼은 강의 수면을 뚫고 나가서 15~20명 정도의 영혼을 만났다. 그들은 내가 지금까지 경험하거나 상상했던 것보다 훨씬 더 기쁘게, 그야말로 완전히 순수한 기쁨에 가득 찬 모습으로 나를 환영해 주었다. 그들은 마치 대규모 환영단이나 히브리서 12장에 등장하는 증인들 같은 모습이었다.

> 이러므로 우리에게 구름 같이 둘러싼 허다한 증인들이 있으니 모든 무거운 것과 얽매이기 쉬운 죄를 벗어 버리고 인내로써 우리 앞에 당한 경주를 하며
> _ 히브리서 12장 1절

그들의 이름을 모두 알지 못해도(예컨대 돌아가신 폴 할아버지, 내 유모였던 시비츠 부인, 이웃 스티븐 등) 나는 그들을 잘 알고 있었다. 더욱이 하나님이 그들을 보내셨으며, 아주 오랜 시간 동안 내가 그들을 알고 있었다는 것을 깨달았다. 나는 그들에게 속해 있었다. 그들은 현실의 세계와 하나님의 세계를 구분하는 시간을 가로질러 나를 이끌어 주려고 온 존재였다. 또한 그들은 나를 환영하는 것은 물론이고 나를 보호해 주기 위해 온 존재였다. 그들은 형체를 갖추고 나타났지만, 이 땅에 사는 사람의 육체처럼 그 형체가 확연하게 구분되지는 않았다. 또한 모두 눈부시게 빛나는 영적 존재여서 그런지 윤곽도 흐릿해 보였다. 내가 동시에

보고 듣고 느끼고 냄새 맡고 맛볼 수 있는 것처럼, 나는 내 모든 감각을 통해 그들의 존재를 강렬하게 느꼈다. 그들에게서 뿜어져 나오는 빛은 내 눈을 멀게 했고, 동시에 내게 강한 힘을 주었다. 우리는 소리 내어 말하지 않았지만 매우 순수하고도 쉽게 소통했다. 어떤 언어를 사용하지 않고서도 생각과 감정이 통해 서로를 완전히 이해할 수 있었다.

나는 하나님의 말씀이 언어에 제한되지 않음을 깨달았고, 성경에 묘사된 오순절에 대해서도 새롭게 이해하게 되었다. 사도행전 2장에 기록된 다음 상황도 완전히 이해할 수 있었다.

> 그때에 경건한 유대인들이 천하 각국으로부터 와서 예루살렘에 머물러 있더니 이 소리가 나매 큰 무리가 모여 각각 자기의 방언으로 제자들이 말하는 것을 듣고 소동하여 다 놀라 신기하게 여겨 이르되 보라 이 말하는 사람들이 다 갈릴리 사람이 아니냐 우리가 우리 각 사람이 난 곳 방언으로 듣게 되는 것이 어찌 됨이냐
> _ 사도행전 2장 5~8절

하나님은 소통을 위해 굳이 언어를 필요로 하지 않으시는 것이다. 나는 그들에게 기쁨이 넘치는 축하를 받았다. 그리고 그들과 포옹하고 춤추고 인사하면서 절대적인 사랑을 느꼈다. 강렬

하면서도 깊고 순수한 그 느낌은 내가 살면서 경험한 그 무엇보다 내게 충만한 만족감을 주었다. 도저히 말로 표현할 수 없을 정도다.

그렇다고 해서 내가 이 세상에서 사랑과 기쁨을 누리지 못했다는 것은 아니다. 나는 남편과 아이들을 무척 사랑했고, 그들 역시 나를 사랑했다. 다만 하나님의 세계에서 훨씬 다채롭고 강렬한 사랑과 기쁨을 누렸다는 것이다. 마치 평소 내가 느끼는 감정이 구식 TV의 화면을 보는 듯한 느낌이라면, 그때의 감정은 그야말로 선명한 고화질 TV로 화면을 보는 것처럼 생생하고 다채롭고 강렬했다.

어쨌거나 나는 내가 본 것과 느낀 것을 제대로 묘사할 수 없다. 그때의 경험을 다시 설명해 보려 해도 삼차원의 경험을 이차원의 세계에서 묘사하는 것처럼 애매하게 말할 수밖에 없다. 세상의 언어에는 그때의 경험을 묘사할 만한 단어와 개념이 존재하지 않기 때문이다. 나중에 죽음에 다다른 경험을 한 사람들과 천국을 경험한 사람들의 글을 읽어 보았지만 그들 역시 나처럼 한계가 있었다.

네드 도허티는 『천국으로 가는 빠른 길Fast Lane to Heaven, 2002』에서 죽음에 이르렀던 그의 경험에 대해 이렇게 썼다.

"나는 갑자기 눈부신 황금색 빛에 사로잡혔다. 그 빛은 태양에서 나오는 빛보다 환하고, 태양보다 수십 배 더 강력하고 눈부셨다. 하지만 그 빛에 내 눈이 멀거나 타지는 않았다. 오히려 그 빛은 내 존재를 감싸 안는 힘의 원천이 되었다."

이런 경험을 해보지 못한 사람들에게는 그의 말이 허무맹랑하게 들리겠지만 천국을 경험한 나로서는 그의 표현이 상당히 정확한 묘사라고 생각한다.

성경을 기록한 이들조차 천사와의 만남을 묘사하는 데 어려움을 느꼈다. 마태는 주님이 보내신 천사와의 만남에 대해 "그 형상이 번개 같고 그 옷은 눈 같이 희거늘"마태복음 28장 3절이라고 말했다. 한편 다니엘은 "그때에 내가 눈을 들어 바라본즉 한 사람이 세마포 옷을 입었고 허리에는 우바스 순금 띠를 띠었더라 또 그의 몸은 황옥 같고 그의 얼굴은 번갯빛 같고 그의 눈은 횃불 같고 그의 팔과 발은 빛난 놋과 같고 그의 말소리는 무리의 소리와 같더라"다니엘 10장 5~6절고 묘사했다.

나는 나를 맞이해 주는 그들과 함께 미끄러지듯 이동하기 시작했다. 그리고 내가 마침내 집으로, 나의 영원한 집으로 간다는 사실을 깨달았다. 우리는 하나님께 되돌아가고 있었다. 그들은 넘치는 열정을 주체하지 못했고, 내가 하나님께 돌아간다는 사실을 천국의 모든 사람들에게 알려 그 기쁨을 함께 나누고 싶어 했다. 나는 그들과 함께 기뻐하며 행복을 만끽하다가 죽은 내 육체가 누워 있는 강둑을 힐끗 보았다. 내 육체는 마치 편안하고 오래된 친구의 일부처럼 느껴졌고, 나는 그런 내 몸에 따뜻한 동정과 감사를 느꼈다. 반면 톰과 그의 아들들은 무척이나 슬프고 무력해 보였다. 그들은 내 이름을 부르면서 나에게 숨을 쉬라고 애원하고 있었다. 나는 그들을 사랑했고, 그들이 슬퍼하는 걸 원하지 않았다. 그래서 내 일행에게 잠깐 기다리라고 말한 뒤, 내 몸으로 잠시 돌아가 숨을 내쉬었다. 그리고 다시 내 몸을 떠나 아버지의 집으로 돌아가는 여행길에 올랐다.

우리는 지구 상에서 상상할 수 있는 그 무엇보다 크고 아름답고 눈부신 전당을 향해 가고 있었다. 그 전당은 다채로운 색을 발하며 눈부시게 빛났다. 죽음에 가까이 다가간 경험을 한 사람들이 전하는 "하얀 빛을 보았다", "하얀 빛을 향해 움직였다"라는 고백이 바로 이 눈부신 전당을 말하는 것이라고 생각한다. 우리가 이해할 수 있는 어휘가 부족하기 때문에 예수님도 종종 우화를 사용하셨던 것이다.

알 수 없는 힘이 내 영혼을 그 전당으로 이끌었다. 나는 그곳에 가까이 다가가면서 눈부신 광휘를 받아들였고, 전당에서 흘러나오는 순수하고 완전하며 무조건적인 사랑을 느꼈다. 그곳은 지금까지 경험한 그 무엇보다 아름답고 매혹적이었으며, 삶의 마지막 분기점이자 모든 사람이 통과해야 하는 문이라는 확신이 섰다. 그곳에서 우리는 마지막으로 자신의 삶과 선택을 돌아보며, 하나님께 가까이 가거나 혹은 영원히 돌아서는 길을 선택하게 된다. 나는 그곳에 들어갈 준비가 되어 있었고, 하나님과 다시 결합하고 싶은 강렬한 바람을 느꼈다.

하지만 한 가지 걸리는 것이 있었다. 톰 부부와 그들의 아이들이 나를 부르고 있었다. 그들이 나에게 숨을 쉬라고 할 때마다 나는 내 몸으로 돌아가서 숨을 내쉰 뒤 여행을 재개했다. 그러다 보니 점차 피곤해졌고, 그들이 자꾸 부르는 소리에 짜증이 났다. 지금 나에게 어떤 일이 벌어지는지 그들이 전혀 모른다는 것을 알고 있었지만 그래도 화가 났다. 그것은 마치 아이가 잠들기 전 물을 달라거나, 불을 켜거나 끄거나, 이불을 덮어 달라거나, 뽀뽀를 해달라는 등 이런저런 요구를 할 때 부모가 느끼는 기분과도 비슷했다.

우리 일행이 전당 입구에 도착했을 때, 그 안에는 더 많은 영이 있었다. 우리가 안으로 들어가려 하자 모두 우리를 돌아보았고, 우리는 지대한 사랑과 공감을 느끼며 그들과 소통했다. 그런데 우리가 안으로 들어가기 직전 강력한 슬픔이 몰려오면서 이내 분위기가 무거워졌다. 그들은 나를 쳐다보면서 아직 내가 들어갈 시간이 되지 않았다고 말했다. 지상에서의 여정이 아직 끝나지 않았다는 것이다. 할 일이 남아 있기 때문에 다시 내 몸으로 돌아가야 한다는 것이었다. 나는 그렇지 않다고 항의했지만, 그들은 돌아가야만 하는 여러 이유가 있으며 나중에 더 자세히 그 이유를 알게 될 것이라고 이야기했다.

　그들이 나를 다시 강둑으로 보낼 때, 우리는 슬픔을 나누었다. 나는 내 몸에 앉아 그동안 나를 이끌어 주고 보호하며 응원해 준 천국의 존재들을 마지막으로 쳐다보고 다시 내 몸으로 돌아왔다.

강가의 천사

> 기적을 믿지 못하는 사람은 현실주의자가 아니다.
> _ 다비드 벤구리온

나는 다시 내 몸의 감각을 느끼면서 눈을 떴다. 톰 가족이 나를 내려다보고 있었다. 톰과 케네스가 다른 사람들에게 무엇을 해야 할지 일러 주자 모두 안도하고 흥분하는 분위기였다. 그들은 들것 대용으로 카약을 준비해서 내 몸을 배에 잘 고정시켰다. 바위투성이인 강둑 옆으로 무성한 대나무 숲이 있었는데 경사가 가팔라서 도저히 오를 수 없는 상황이었다.

톰 가족이 여러 대책을 생각하고 있는데 갑자기 칠레 청년 몇 명이 홀연히 나타났다. 그중 두 명이 내 몸을 고정시킨 카약을 번쩍 들자, 나머지 청년들이 대나무 숲을 헤치며 길을 만들었다.

우리 일행과 그 청년들 사이에 아무 말이 오가지 않았는데도 그들은 어떻게 해야 할지 본능적으로 알고 있었다. 숲을 헤치고 내려가는 데는 시간이 많이 걸렸고, 그동안 내 의식은 오락가락했다. 언제나 늠름하고 듬직한 케네스가 이번에도 특유의 리더십으로 사람들을 이끌었다. 모두 점점 지쳐 갔지만 케네스가 멈추지 않는 한 아무도 멈추지 않았다.

나는 의식이 오락가락하는 와중에도 내게 스테로이드제를 달라는 지시를 분명하게 내뱉었다. 척추전문의로서 나는 다리를 움직일 수 없다는 점을 미루어 척추가 골절되고 척수가 손상되었음을 깨달았다. 그러니 스테로이드제를 적정량 투여해야 마비 증세를 호전시킬 수 있었다. 그들은 내가 횡설수설한다고 생각했지만 그렇다고 내 말을 무시할 수도 없었다. 마침내 우리 일행은 비포장도로로 연결되는 좁다란 흙길에 이르렀다.

일행들은 흙길을 따라 천천히 걸어갔지만 도로가 나타난다고 해도 어떤 조치를 취해야 할지 몰라 우왕좌왕했다. 가장 가까운 마을이라 해도 걸어가기에는 무리였고, 어떤 도로라도 인적이 드물 것이 뻔했기 때문이다. 그러니 낡은 트랙터나 농기계를 끌고 가는 사람을 찾아 마을까지 빨리 데려가 달라고 부탁해야겠다는 계획을 막연히 세울 뿐이었다. 당시 그 지역에는 구급차가 아예 없었다. 그런데 언덕길을 빠져나왔을 때 우리 일행은 깜짝 놀라지 않을 수 없었다. 도로 한편에 구급차 한 대가 정차되어 있었기 때문이다. 운전사는 아무 말도 하지 않았지만, 마치 우리를 기다리고 있었던 것처럼 보였다.

한편 남편 빌은 그날 일찍 강 입구에서 우리와 헤어진 뒤, 트럭을 몰고 햇볕이 따사로운 곳을 찾아 느긋하게 책을 읽었다. 그러다 오후 늦게 강 아래쪽에서 우리와 다시 만날 생각이었다. 강둑에서 내게 한참 심폐소생술이 실시될 무렵 일행 중 한 여성이 그만 정신 줄을 놓고 뛰쳐나갔다. 그 여성은 마침 빌이 책을 읽고 있던 곳으로 향했는데, 나는 그것이 분명히 하나님의 이끄심이라고 확신한다. 그 여성은 빌에게 얼른 상황을 설명한 뒤, 빌과 함께 트럭을 타고 우리 일행을 찾은 끝에 내가 막 구급차에 실리는 순간 도착했다.

빌은 케네스와 함께 구급차에 올라탔고, 톰과 채드는 빌이 몰고 온 트럭을 운전해서 구급차를 뒤따랐다. 구급차 기사는 초수엥코의 작은 응급센터로 질주했다. 내가 운전기사에게 속도를 줄이지 않으면 다 죽겠다고 고래고래 소리를 지르자 케네스는 내 상태에 대해 다소 안심했다고 한다. 마침내 구급차가 응급센터에 도착한 뒤, 케네스와 채드 형제는 강으로 돌아가고 톰만 우리 부부 곁에 남았다.

케네스와 채드 형제는 대나무 숲을 헤치고 우리가 도로까지

나올 수 있도록 도와준 청년들을 찾으려 했지만, 그새 청년들은 홀연히 사라졌다. 마을 사람들도 그 청년들에 대해 전혀 알지 못했다. 그들은 마을에는 그런 청년들이 없다면서 뭔가 오해한 것 같다고 했다. 그 청년들은 혹시 천사들이었을까? 케네스와 채드 형제는 대나무 숲을 뚫고 도로로 돌아오면서 조금 전에 나를 카약에 싣고 나올 때보다 숲이 더 빽빽하고 언덕도 더 가파르다는 것을 깨달았다. 전적인 하나님의 개입하심을 인정하지 않고서는 내 구조 과정을 그 누구도 납득하기 힘들 것이다.

케네스와 채드 형제는 강가에 남아 있던 사람들에게 상황을 설명한 뒤, 아직도 폭포 아래쪽에 끼어 있던 배 두 척을 꺼내려고 시도했지만 그것은 불가능했다. 그들이 내 배를 강물에서 꺼낼 당시 딛고 섰던 돌이 사라졌기 때문이다. 그래서 급류 중간에 서 있을 수도 없고, 배에 팔을 뻗어 잡을 수도 없었다. 그들은 한 시간 이상 여러 차례 밧줄을 던진 끝에 간신히 배 한 척을 꺼냈다. 그들은 배의 양 끝을 밧줄로 고정하고, 반으로 구부린 뒤 배를 빙빙 돌려가며 배를 움직였다. 그리고 배를 고정하고 있던 밧줄을 잡아당겨 마침내 배를 꺼낼 수 있었다. 당시 마찰력으로 인해 매듭은 거의 풀어진 상태였다.

그 뒤 그들은 드디어 푸콘으로 돌아왔다. 무척 피곤해 하면서도 절대적으로 불가능한 구조 상황에서 초자연적인 일이 벌어졌다는 사실에 압도되어 있었다. 사고 현장에 있었던 모든 이들이 하나님의 임재하심과 그분의 개입하심을 분명히 경험했다. 톰 가족은 완전한 실패를 맛보고 낙망하던 순간 분명한 하나님의 개입하심이 일어났고, 덕분에 나를 구조할 수 있었다고 말했다. 그리고 그때의 상황은 마치 각자 맡은 역할을 잘 수행한 끝에 완성한 하나의 공연 같았다고도 말했다. 지금까지도 그들은 그 사건이 그저 좋은 경험담에 불과한 것이 아니라고 말한다. 나 역시 하나님의 개입하심, 그리고 여러 기적들이 벌어진 시간이라고밖에 설명할 길이 없다. 나중에 채드는 이렇게 말했다.

"우리에게 벌어지는 일과 우리 삶이 뒤섞이게 해서는 안 돼요. 우리 모두는 기적의 한 부분이니까요."

그날 앤은 너무나 무기력하고 작은 존재인 자신을 하나님이 너무나 사랑하시고 함께해 주신다는 사실에 압도되었다고 한다. 앤뿐만 아니라 우리 모두는 아직도 우리가 하나님이 개입하실 만한 가치가 없는 존재라고 느끼고 있다. 지금도 여전히 고통받고 있는 사람들과 하나님을 꼭 필요로 하는 많은 사람들을 보면 도대체 왜, 그리고 어떻게 하나님이 그날 칠레의 푸이 강에서 벌어진 사건에 개입하셨는지 이해하기 힘들다. 하지만 하나님은 분명히 우리의 시간에, 우리의 삶에 개입하셨다.

앤은 자신이 무기력한 존재인 동시에 자유를 얻은 존재임을 느꼈다고 말했다. 하나님이 모든 것을 통제하신다는 사실을 깨달았고, 모든 것을 얻으려면 모든 것을 버려야한다는 성경 말씀도 그날 비로소 이해하게 되었다고 고백했다.

> 누구든지 자기 목숨을 구원하고자 하면 잃을 것이요 누구든지 나와 복음을 위하여 자기 목숨을 잃으면 구원하리라
> _ 마가복음 8장 35절

다시 와이오밍으로

> 내가 결코 너희를 버리지 아니하고
> 너희를 떠나지 아니하리라
> _ 히브리서 13장 5절

 초수엥코의 응급센터는 진단 도구 자체가 아예 없고, 의료품도 드물 정도로 열악했다. 다행히 빌이 석고 재료를 찾아내서 내 양 다리에 긴 부목을 댔다. 당시 나는 이 세계와 방금 떠나온 세계를 오간다고 느꼈기 때문에 그다지 많은 말을 하지 않았다. 대신 하나님의 왕국에서 이제 막 목격한 비전과 열정, 강렬함, 사랑에 푹 빠져 있었다.

나는 당시 상황을 좀 더 잘 이해하고 싶은 마음에 중대한 결정을 내렸다. 칠레에서도 미국의 대도시에서도 치료받지 않고 당장 와이오밍으로 돌아가기로 한 것이다. 와이오밍의 잭슨홀에는 훌륭한 병원과 신뢰하는 의사들이 있으며 무엇보다 사랑하는

내 아이들이 있었다.

남편과 톰은 나를 픽업트럭의 뒷자리에 태우고 집으로 돌아가는 여정에 올랐다. 우선 작은 공항이 있는 코이큐까지 갔지만 마침 공항이 문을 닫아서 우리는 다시 발디비아로 향했다. 하지만 인구가 십만 명이 넘는 발디비아의 공항마저 닫혀 있었다. 다음날 아침에야 항공편이 있다는 소식에 빌은 속상해서 눈물까지 흘렸다.

우리 부부는 시내의 작은 호텔에 투숙했다. 톰은 돌아갔고, 빌과 나는 이 층 객실에서 길고 불편한 밤을 보내야만 했다. 다음날 새벽에 택시를 타고 공항에 도착해서 빌은 간신히 산티아고행 소형 비행기 좌석을 확보했다. 그는 가방과 비행기 표를 챙기는 것은 물론이고 쇠약해진 나까지 조심스럽게 챙기며 비행기에 태웠다. 우리가 왜 응급 후송기가 아니라 일반 비행기를 타기로 결정했는지는 잘 모르겠지만, 그때는 그게 옳은 일로 보였다. 우리는 산티아고에서 댈러스 주로 가는 비행기로 환승했다. 마침 그 비행기에는 사람들이 몇 없었고 빈 좌석이 많아서 몸을 뻗고 누울 수 있었다. 승무원들이 내 초라한 몰골과 행동을 못마땅하게 여기긴 했어도 시시콜콜 물어보지는 않았다. 우리는 댈러스포트워스 국제공항에 도착해 휠체어를 얻어 타고 세관도 무사히 통과했다.

유타 주 솔트레이크시티로 가는 비행기에 오르기 전에 빌은 한쪽 다리에만 부목을 하면 사람들의 관심이 줄어들 거라 여기고 다른 한쪽 다리의 부목을 빼 버렸다. 하지만 승무원들은 빌이 온 신경을 기울여 나를 좌석에 앉히는 것을 보고 지대한 관심을 보였다. 승무원들의 질문이 빗발치자 우리는 둘 다 정형외과 의사인데 내가 휴가 중에 발목을 다쳐서 부목을 댔다고 대충 둘러댔다. 그러나 승무원들은 우리의 변명에 넘어가지 않고 기장을 데려왔다. 기장은 응급 착륙이나 사고 시 내 상태가 우려된다고 말했다. 내가 당한 사고를 생각하면 이 비행은 그 어느 때보다 안전한 비행이 될 것이라고 말하고 싶을 정도였다. 차마 그 말은 할 수 없어서 나는 응급 상황에 대한 훈련을 받았고, 부상도 그다지 심하지 않으니 우려하는 상황은 생기지 않을 거라고 침착하게 설명했다. 기장은 흡족해 하며 조종실로 돌아갔다.

유타 주에 도착한 뒤 호흡하기가 좀 어려워지기 시작했다. 음료수라도 마시려고 걸음을 멈추었을 때는 제대로 숨을 쉴 수 없을 정도로 통증이 심해졌다. 가야 할 길이 한없이 멀게 느껴지고, 우리가 잘못 판단한 것 같았다. 하지만 우리는 솔트레이크시티의 지역 병원은 고려조차 하지 않았고, 잭슨홀에서 치료받겠다는 내 결심은 확고했다. 그래도 혈액이 응고되거나 폐렴이 올지도 모른다는 걱정에 담당 내과의에게 전화를 걸어 우리 병원

사무실에서 대기해 달라고 부탁했다.

빌은 나를 픽업트럭의 뒷좌석에 앉히고 와이오밍에 있는 우리 집까지 다섯 시간의 여정을 시작했다. 호흡이 점차 힘들어지자 내 결정이 옳았는지 다시 의심이 생기고, 과연 아이들에게 돌아갈 수 있을지 불안해졌다. 그사이 빌은 담당 내과의에게 병원 사무실 대신 응급실에서 기다려 달라고 전화를 했다.

파인크릭패스(해발 20,498미터)를 지날 때는 높은 고도 때문에 호흡이 더 힘들어졌다. 나는 남편에게 사과했다. 빌은 누구보다 내가 사랑하는 신실하고 성실한 남편이자 하나님이 내게 주신 최고의 선물이었다. 나는 그에게 집까지 함께 가지 못하게 돼서 미안하다고, 진작 병원으로 갔어야 했는데 그러지 않고 잭슨홀로 돌아가자고 고집을 부려서, 그래서 결국 그의 곁을 떠나게 돼서 미안하고, 또 미안하다고 말했다.

칠레에서는 잭슨홀로 돌아가겠다는 결심이 하나님의 계획이라고 믿었기 때문에 아무런 의심을 품지 않았다. 하지만 집에 도착하기도 전에 죽을지도 모른다고 생각하자 온갖 후회가 밀려왔다. 남편과 아이들을 떠올리니 너무나 슬펐다. 윌리와 벳시, 엘리엇, 피터는 아직도 엄마의 손길이 필요한 너무나 사랑스러운 아이들이었다. 그 아이들에게 돌아가지 못한다고 생각하니 한없이 슬픔이 몰려왔다.

기도의 힘

> 너희 중의 두 사람이 땅에서 합심하여 무엇이든지 구하면
> 하늘에 계신 내 아버지께서 그들을 위하여 이루게 하시리라
> 두세 사람이 내 이름으로 모인 곳에는 나도 그들 중에 있느니라
> _ 마태복음 18장 19~20절

테턴패스(해발 2,569미터)를 지날 무렵 산소가 부족하고 숨 쉬기조차 힘들어져 더 이상 말을 할 수 없었다. 그나마 몸은 편안한 편이었지만 의식이 오락가락하기 시작했다. 평상시에는 교통 법규를 잘 지키던 남편이 가속기를 세게 밟으며 속도를 냈다. 우리 병원 주차장에 도착하자마자 트럭 문이 홱 열리고, 나는 응급실 직원이 끄는 들것에 실려 옮겨졌다.

들것에 누운 채 위를 올려다보니 나를 내려다보는 담당의의 얼굴이 보였다. 드디어 집에 돌아왔다는 것을 깨닫고 나는 의식을 잃었고, 응급실로 이동되어 작은 검사실에 놓여졌다. 산소 수치가 위험할 정도로 낮았으며 산소를 투입해도 아무 반응이 없

었다.

 검사 결과 진행성 폐렴과 급성호흡곤란증후군이 진단되었다. 급성호흡곤란증후군은 익사 직전까지 갔거나 지방색전증, 폐렴, 연기 흡입, 주요 외상 등으로 폐에 문제가 생기는 심각한 감염 증상이다. 폐 조직이 부풀어 오르고, 하루이틀을 넘기지 못하고 사망에 이를 수 있는 위험한 증상이었다. 담당의는 내가 오늘 밤을 넘기지 못할 수 있다고 남편에게 통보했다.

 마침 그때 담당의의 조교인 나탈리가 얇은 커튼을 사이에 두고 내 옆 침상에 앉아 있었다. 그녀는 우리 교회 교인인 셰리가 손가락을 다쳐서 응급실로 데려온 참이었다. 그 두 사람은 내 옆에 모인 사람들의 표정과 담당의의 말을 듣고 기도하기 시작했다. 내 생명을 구해 주시고 내 몸을 고쳐 달라고, 우리 가족에게 힘을 주시고 하나님의 은혜를 입게 해달라고 기도드렸다. 그들은 정성을 다해 구체적으로 기도를 드린 뒤, 곧 고등학교 농구 경기장으로 향했다. 그리고 그곳에서 열심히 응원하고 있던 많은 사람들에게 내가 아프다는 소식을 알리고 기도해 달라고 부탁했다. 그렇게 내가 응급실에 도착하고 한 시간도 지나지 않아서 수많은 사람들이 나를 위해 기도하기 시작했다. 나탈리는 집에 돌아가서도 열심히 기도를 드렸다. 그녀는 새벽 네 시까지 계속 기도하다가 갑자기 이제는 쉬어도 되겠다고 느꼈다고 한다.

많은 사람들이 나를 위해서 주님께 기도드리는 동안 나는 중환자실에서 살기 위해 몸부림쳤다. 그날 의료 기록에 따르면 새벽 네 시경 그러니까 나탈리가 이제 그만 기도하고 쉬어도 되겠다고 느꼈던 바로 그 즈음에 내 상태가 안정되기 시작했다. 간호사들도 잠시나마 안도의 한숨을 쉬었다.

나중에 한 친구가 내게 "나는 네가 그날 밤을 버텨 낼 줄 알았다. 그렇게 많은 사람들이 너를 위해 기도하는 마당에 너를 죽게 놔두면 하나님도 당혹스러우셨을 것이다"라고 덧붙였다. 나로서는 감히 헤아릴 수 없는 일이었지만, 하나님의 사랑은 모든 사람들의 기도를 더욱 강력하게 만드셨다.

분명한 비전

> 아무것도 염려하지 말고
> 다만 모든 일에 기도와 간구로,
> 너희 구할 것을 감사함으로 하나님께 아뢰라
> _ 빌립보서 4장 6절

다음날 아침, 우리 교회의 집사님 두 분이 병문안을 오는 바람에 나는 잠에서 깨어났다. 레저용품점을 운영하는 집사님들은 내가 읽을 만한 잡지를 잔뜩 가져왔다. 집사님들과 이야기 나누는 시간이 즐겁긴 했지만 얼른 잡지를 읽고 싶은 마음에 그들이 빨리 돌아가기를 내심 바라고 있었다. 그날은 왠지 모르게 기분이 무척 좋았다. 통증도 없고 정신도 맑았다.

집사님들이 떠나자마자 나는 『크로스컨트리 스키어Cross Country Skier』라는 잡지를 집었다. 그런데 평소 시력이 좋았음에도 불구하고 활자가 흐리게 보여서 제대로 읽을 수 없었다. 할 수 없이 잡지를 내려놓고 TV를 켰지만 화면 역시 흐릿하게 보였고, 마침 병실에 들어온 간호사의 얼굴마저 흐릿했다. 한 지점을 2초 이상 보고 있으면 초점이 더 흐려져 대화조차 할 수 없었다. 하도 정신이 산만해서 낮잠을 자기로 했다. 그리고 잠에서 깨어난 뒤 간호사에게 성경책을 달라고 부탁했다. 간호사가 갖다 준 기드온성경(대체 누가 기드온 성경을 읽는지 항상 궁금하던 참이었다)을 뒤적이다가 평소 잘 알고 있었던 다음 구절을 찾았다.

하나님은 우리의 피난처시요 힘이시니 환난 중에 만날 큰 도움이시라 _ 시편 46편 1절

그가 내게 간구하리니 내가 그에게 응답하리라 그들이 환난 당할 때에 내가 그와 함께하여 그를 건지고 영화롭게 하리라
_ 시편 91편 15절

내게 능력 주시는 자 안에서 내가 모든 것을 할 수 있느니라
_ 빌립보서 4장 13절

하지만 성경의 활자 역시 너무 흐릿해서 읽을 수 없었다. 절망감에 성경을 덮으려는데 선명하게 보이는 무언가가 눈앞에 반짝였다. 시력이 되돌아왔나 생각하며 다시 성경을 보았지만 활자가 흐릿하게 보이는 것은 마찬가지였다. 그래서 아무렇게나 책장

을 넘기다가 책을 덮으려는데 또다시 무언가가 선명하게 보였다. 나는 조심스럽게 그 부분을 찾았고, 마침내 아주 분명하게 보이는 한 구절을 발견했다.

항상 기뻐하라
_ 데살로니가전서 5장 16절

오! 나는 이 구절의 의미를 되짚어 보았다. 그것은 분명 하나님의 명령이었다. 나는 하나님이 기뻐하는 마음과 기뻐하는 영을 중요하게 여기고, '기쁨'이라는 단어를 성경 곳곳에서 언급하셨음을 깨달았다. 나는 언제나 '행복한' 사람이었고, 대체적으로 긍정적인 편이었지만, 기쁨과 행복은 다르다. 기쁨은 어떤 상황이 아니라 하나님의 임재하심과 그분의 약속에 기초하는 것이기에 우리는 어려움을 겪는 중에도 기뻐할 수 있다. 하나님께 집중할 때 우리의 영은 망가질 수 없다. 기쁨은 정신의 한 상태이자, 존재의 한 상태다. 또한 기쁨은 성경의 약속을 믿겠다는 의지적인 선택이다. 그날 늦게 성경의 또 다른 구절이 분명하게 보였다.

쉬지 말고 기도하라
_ 데살로니가전서 5장 17절

기도는 우리가 주님과 소통하는 방식이다. 하나님은 우리에게 말씀을 통해 마음 문을 열고 늘 하나님과 소통하라고 명령하신다. 우리는 기도하는 삶을 살아야 한다. 우리가 숨 쉬는 모든 호흡에 조용히 기도를 담아 드려야 한다. 그리고 언제나 하나님의 인도에 귀를 기울여야 한다.

과거에 나는 나를 위한 기도의 힘을 믿었다. 나 자신의 용서와 변화를 위한 기도, 또는 직관을 위한 기도의 힘을 믿었다. 나는 기도가 어떤 상황의 결과를 바꾸지는 않아도 그 과정에서 우리를 변화시킨다고 믿었다. 아직도 그런 기도의 힘을 굳게 믿고 있지만, 그것이 전부가 아니라는 사실을 깨달았다. 예수님은 "두세 사람이 내 이름으로 모인 곳에는 나도 그들 중에 있느니라" 마태복음 18장 20절고 말씀하셨다. 나는 예수님의 이 약속과 더불어 다른 사람을 위한 중보기도의 힘을 직접 경험했다. 그 뒤 내 삶과 모든 호흡은 하나님께 드리는 살아 있는 기도로, 다른 사람들과 우리 세계를 위한 기도로 바뀌기 시작했다.

그날 마지막으로 내가 선명하게 본 구절은 이 말씀이다.

범사에 감사하라 이것이 그리스도 예수 안에서 너희를 향하신 하나님의 뜻이니라
_ 데살로니가전서 5장 18절

이 구절을 접하자 작은 것에 감사하는 삶에 대한 유명한 우화가 생각났다.

> 어떤 가난한 남자가 빵 한 덩어리를 받고 그 빵을 구운 사람에게 감사 인사를 전했다. 그러자 빵 구운 사람이 말했다.
> "내게 고마워하지 말고 밀가루를 만든 방앗간 주인에게 감사해요."
> 그 말대로 그가 방앗간 주인에게 감사하자 방앗간 주인이 말했다.
> "내게 고마워하지 말고 밀을 심은 농부에게 감사해요."
> 그 말대로 그가 농부에게 감사하자 농부가 말했다.
> "내게 고마워하지 말고 주님께 감사해요. 주님이 햇볕과 비와 비옥한 땅을 주셔서 당신이 먹은 빵이 생긴 거랍니다."

그 뒤 며칠 동안 성경과 그밖에 다른 글, TV, 심지어 사랑하는 사람들의 얼굴까지 흐릿하게 보였다. 모든 것이 흐리게 보였기 때문에 나는 이 성경 세 구절뿐이 읽지 못했다. TV도 보지 못하고, 누구와 대화하고 싶지도 않았다. 이 세 구절은 성경에서 가장 짧은 편에 속하지만 우리에게 큰 영향을 미치며, 하나님이 우리에게 요구하시는 것을 잘 요약하고 있다.

천사와의 대화

> 구하라 그리하면 너희에게 주실 것이요
> 찾으라 그리하면 찾아낼 것이요
> 문을 두드리라 그리하면 너희에게 열릴 것이니
> _ 마태복음 7장 7절

 입원 기간 동안 나는 주로 묵상에 집중하면서 하나님이 내게 무엇을 원하시는지에 대해 생각했다. 사고가 나기 전에도 나는 행운이나 우연의 일치를 그저 평범한 현상이라고 치부하지 않았다. 하나님이 이 땅에서 일어나는 대부분의 일에 관여하시며, 우리 주변에서 일어나는 모든 일이 하나님의 계획의 일부분이라고 믿었기 때문이다.

하루는 병상에 누워 내가 겪은 사고의 목적에 대해 고민하고 있었다. 그런데 갑자기 내가 병상이 아닌 햇볕 쨍쨍한 넓은 들판에 있는 한 바위 위에 앉아 있다는 것을 깨달았다. 그때 나는 곁에 있는 천사와 '대화'하고 있었다. 그 존재를 지금 천사라고 부

르긴 하지만 실제로 나는 그가 누구인지 잘 모른다. 천사나 하나님의 사자, 예수님, 혹은 선생님일 수도 있다. 다만 그가 하나님께 속해 있고, 하나님으로부터 왔다는 사실을 알 뿐이다. 나는 그에게 많은 질문을 던졌고, 그는 그 질문에 하나하나 대답해 주었다. 우리는 아무리 심각한 상황 속에서도 어떻게 해야 '항상 기뻐할 수 있는지'에 대해 토론했다. 또한 '왜 착한 사람들에게 나쁜 일이 벌어지는지'에 대해서도 이야기를 나누었다. 그와 대화를 나누면서 나는 다음 사실을 깨닫게 되었다.

그것은 우리 모두가 여러 가지 이유로 이 세상에 올 기회와 특권을 부여받게 된다는 사실이다. 사랑, 희락, 화평, 오래 참음, 자비, 양선, 온유, 절제 등 성령의 열매를 맺기 위해 혹은 다른 사람이 열매 맺는 것을 돕기 위해 이 세상에 오게 되는 것이다. 결국 우리 모두는 로마서 8장의 말씀대로 그리스도와 좀 더 닮아가기 위해 태어난다.

이 세상에서의 여행을 준비하는 과정에서 우리는 삶에 대한 전반적인 계획을 짤 수 있다. 그렇다고 해서 우리가 우리의 삶을 완전히 다스릴 수 있다는 의미는 아니다. 그보다는 하나님이 만드신 계획을 우리가 보고, 그것을 하나님이 보내 주신 천사와 상의한다는 것이 더 정확한 표현이다.

우리의 인생에는 중요한 갈림길이 여럿 있어서 그때마다 우리는 하나님의 계획에서 도망치거나, 다시 하나님께로 돌아가는 길을 선택할 수 있다. 혹은 새로운 임무를 받게 될 수도 있다. 또한 자신의 의지적인 선택이나 환경, 그리고 천사의 개입에 의해서 다시 새로운 갈림길로 들어서기도 한다. '아주 적확한 시기'에 어떤 특정한 장소에서 누군가를 만난 경험이 있는가? 지나온 삶을 돌이켜 보면 실제로 말한 내용과 행동에 비해 더 큰 영향을 받은 사람들이 있지 않은가? 도대체 어떤 상황에서 배우자를 만나는 것과 같은 중요한 일을 겪게 되는가? 누군가를 생각하던 순간 마침 그 사람에게 갑자기 연락이 온 적이 있는가? '그것 참 이상하네'라고 생각하게 되는 일이 있었는가? 그 일이 '우연의 일치'인지 아니면 미리 계획된 일인지 생각해 보자. 그러니까 그 일이 하나님이 우리 삶에 개입하시는 증거가 아닌지 살펴보자.

나는 천사의 존재와 천사가 우리 삶에 어떤 영향을 미치는지에 대해 아는 바가 거의 없지만 그래도 우리 삶의 모든 순간 천사가 함께한다고 믿는다. 천사는 구약과 신약에서 250회 이상 언급된 영적인 존재다. 천사는 생명체나 상황, 또는 인간의 모습으로 나타나 하나님께 찬양과 경배를 드린다. 천사는 하나님의 사람들을 배려하고 보호하며 이끌어 준다. 또한 우리의 삶에 개입하여 하나님의 메시지를 전해 준다. 그렇게 천사는 우리 삶에서 빈번하게 벌어지는 '우연의 일치'를 완성한다.

천사가 우리의 의지가 아니라 하나님의 의지에 따라 우리 가운데 역사한다는 사실에 대해 철학자 대부분은 동의하고 있다. 루이스 스페리 체이퍼는 『조직신학Systematic Theology, 1993』에서 다음과 같이 말했다.

"천사가 인간의 눈에 보이지 않는 이유 중 하나는 인간이 그 모습을 보고 숭배할 수 있기 때문이다. 인간은 자기가 직접 만든 작품을 숭배할 정도로 우상숭배의 경향이 심하기 때문에 눈앞에 천사가 보이면 그를 숭배하고 싶은 마음을 이기지 못할 것이다."

우리가 잘 알아채지 못해도 천사는 분명 우리가 사는 세계에 존재한다. 1994년 11월 『뉴스위크』의 기사 '신성함을 찾아서'에 따르면 "미국인 20퍼센트가 지난해에 하나님으로부터 계시를 받았고, 13퍼센트는 천사의 존재를 보거나 느꼈다"고 한다.

천사는 우리로 하여금 인생의 방향을 다시 모색하도록 이끌거나, 심지어 몰아붙이기도 한다. 그렇다고 우리에게 선택을 강요하는 것은 아니다. 갈림길에 다다랐을 때, 어느 방향으로 갈지 선택해야 하는 것은 바로 우리 자신이다. 일단 선택한 뒤에는 앞으로 나아갈 뿐, 되돌리거나 돌아가지 못한다. 오늘 우리가 무엇을 선택하는지가 내일 우리가 해야 할 선택에 영향을 미친다. 또한 이 세계와 이 세계 안에 사는 사람들이 서로 연결되어 있기 때문에 모든 행동에는 그에 대한 대가가 뒤따른다.

처참한 사건이나 상황이 한 사회와 한 인간에게 큰 변화를 불러일으킬 수 있다. 잔혹함을 직접 목격하지 못한다면 동정심을 느끼기 어려울 것이며, 개인적으로 시련을 겪지 않았다면 인내심이나 신실함을 키우지 못할 것이다. 슬픔과 근심 중에도 기쁨을 알게 해주는 영원한 삶에 비교하면 우리의 세속적인 관심사는 그야말로 사소한 문제에 불과하다. 마냥 편안하고 평온한 시기에 진정한 성장과 변화를 경험해 본 적이 있는가? 어려움이 있어야 변화도 있으며, 고난을 통과해야 우리는 비로소 자유를 얻고 항상 기뻐하는 삶을 살게 된다. 그때 어떤 상황이 닥치더라도 우리가 영생을 얻은 존재라는 사실과 하나님은 약속을 지키시는 분이며 그 약속을 믿는 믿음이 우리의 삶을 지탱한다는 사실에 감사하며 살아갈 수 있다.

때로는 우리 앞에 벌어진 불편한 상황이나 짜증을 유발하는 사람들 때문에 오히려 하나님의 뜻에 더 가까이 다가가는 경우도 있다. 한 부유한 사업가가 그의 사무실 밖에 늘 앉아 있던 거지 덕분에 인내심과 동정심을 더욱 키울 수 있었다는 일화도 있지 않은가.

나 역시 그런 경험이 있다. 카약 사고 이전에 나는 몇몇 동료 의사 때문에 종종 마음의 상처를 입었다. 사고 이후에도 그들의 행동이 여전히 마음에 들지 않았지만, 그들이 이 세계에 온 목적과 내 삶에 들어온 이유가 무엇인지 나로서는 알 수 없다는 사실을 깨달았다. 또한 받아들이기 힘들었지만 하나님이 나를 사랑하시듯 그들 역시 사랑하신다는 사실도 알게 되었다. 그래서 그들이 어떤 행동을 하더라도 이제 화를 내기보다, 그들 덕분에 인내심을 키울 수 있다는 점에 기뻐하고 감사한다. 또한 그들을 위해 기도하기 시작하면서 완전히 다른 시각을 갖게 되었다. 다른 사람을 위해 기도하면(물론 컨트리송 가사처럼 자동차 브레이크가 고장 나거나, 화분이 떨어지거나, 자동차를 멈추게 해달라는 기도가 아니라 사랑의 마음을 담은 기도를 의미한다) 극적인 결과와 평화, 그리고 만족감을 얻을 수 있다. 그러니 다른 사람을 위한 기도는 꼭 해볼 만한 가치가 있는 것이다.

내가 던진 여러 질문에 대해 천사가 차근차근 설명하고 대답해 주는 것을 듣고 있자니 우리 인생에 대한 한 비유가 떠올랐다. 우리 개개인은 크고 아름다운 태피스트리 다채로운 색실로 그림이나 문양을 짜 넣은 직물 작품을 이루는 한 올의 실과 같다. 우리는 종종 우리의 색과 길이가 마음에 들지 않을 때, 또한 실이 끊어지거나 올이 풀릴 때, 화를 낸다. 완성된 태피스트리가 워낙 크고 복잡해서 한 올 한 올의 실이 얼마나 중요한지 깨닫지 못하는 것이다. 하지만 한 올의 실이 없으면 태피스트리는 완성될 수 없다. 그러므로 우리는 우리의 사명을 깨닫고, 기뻐하며, 그 사명을 감당해야 한다. 우리의 삶은 정말로 소중하고 중요하다. 우리가 하는 일과 선택이 비록 사소해 보일지라도 그것은 우리 인생에서 큰 차이를 만들어 낸다.

놀랍게도 어떤 일이나 상황이 참으로 처참했다고 말하는 사람들 중에서 그 일에 직접 연루된 경우는 그다지 많지 않다. 나는 '끔찍하고 비극적인 재난'이라고 일컬어지는 상황을 직접 경험한 사람들과 이야기를 나눈 적이 있다. 그들은 대개 자신이 겪은 상황에 대해 감사했고, 그 상황을 바꿀 수 있는 기회가 생기더라도 바꾸지 않겠다고 말했다.

다시 말해서 어떤 일을 평가할 때 '좋다'거나 '나쁘다'라고 판단하는 것은 단지 관점의 문제일 뿐이다. 과연 나쁜 일이 착한 사람들에게도 일어나는가? 나는 잘 모르겠다. 예수님은 분명 '좋은' 분이셨으며, 그가 당한 십자가 형벌은 확실히 많은 사람들에게 '나쁜' 일로 여겨지는 일이었다. 그로 인해 예수님의 제자들은 절망했지만, 만약 예수님이 십자가에 달리지 않으셨다면 구약의 예언은 완성되지 못하고, 하나님의 새로운 계명도 없었을 것이다. 이런 관점에서 바라보면 예수님의 십자가를 '나쁜' 일이라고 말하기는 어렵다. 오히려 그 십자가는 기독교인들이 찬

양하는 '복음'의 핵심이다.

  우리가 어떤 일이나 상황을 이해하지 못해서 좌절할 때도, 우리 눈에 보이지 않는 천사는 지혜로우신 하나님의 지시에 따라 우리에게 평안을 주고, 우리를 보호해 준다. 그러므로 하나님의 말씀과 약속을 의지하는 것만이 우리가 할 수 있는 유일한 합리적인 선택이다.

병실에서

> 이 날은 여호와께서 정하신 것이라
> 이 날에 우리가 즐거워하고 기뻐하리로다
> _ 시편 118편 24절

상태가 어느 정도 호전되어 일반 병실로 옮기게 되었다. 심한 통증은 없었고, 하나님의 품에 안긴 듯 온몸으로 축복을 느꼈다. 병실에 처음 찾아온 사람들은 놀란 표정으로 한 발자국 뒤로 물러서면서 "도대체 여기서 무슨 일이 일어난 거죠?" 하고 묻곤 했다. 그들은 병실 안에서 무언가 물리적으로 존재하는 힘이 느껴진다고 했다. 그 말을 처음 들을 때만 해도 대수롭게 여기지 않았지만, 여러 사람이 똑같은 말을 하자 정말로 내 병실에서 알 수 없는 힘이 느껴지는구나 하고 생각하게 되었다. 실은 내가 하나님의 임재를 확실하게 느끼고 있으니, 다른 사람들이 그렇게 느끼는 것은 어쩌면 당연한 일이

었다.

사고가 나고 2주가 지난 뒤에도 여전히 나에게 무슨 일이 일어났는지 이해하기 위해 오랜 시간 생각에 잠겨 있었다. 모든 것이 선을 위해 작용한다고 믿었기에 사고의 원인이 과연 무엇인지에 대해 고민했다. 그러던 어느 날, 나도 모르는 사이에 또다시 아름답고 햇볕이 쨍쨍한 넓은 들판에 천사와 앉아 있다는 것을 깨닫게 되었다. 주변의 눈부신 광경과 천사가 베푸는 강렬하고도 순수한 사랑에 숨이 막힐 것 같았다. 나는 생기를 얻었다. 천사와 몇 시간이나 이야기를 나눈 것 같았는데도 그곳을 떠나고 싶지 않았다.

우리는 내 사고에 대해 구체적으로 이야기를 나누었고, 그로 인해 내가 이 세상에 다시 돌아온 이유에 대해 좀 더 자세히 알게 되었다. 그 이유 중에는 남편의 건강을 지키는 것, 아들이 죽은 뒤 굳건하게 가족과 공동체를 지키는 것, 다른 이가 하나님께 돌아오는 길을 찾는 데 도움이 되는 것 등이 있다. 이 이야기는 책의 뒷부분에서 보다 더 자세히 다룰 예정이다.

천사는 대화가 끝나자 작별 인사를 하며 내 이마에 입맞춤했다. 그 순간 나는 이제 더 이상 천사와 대화를 나누지 못할 것이라는 사실을 직감했다. 그 입맞춤을 끝으로 우리가 그동안 나누었던 많은 이야기들이 베일 속에 감추어지리라는 것도 깨달았다. 하지만 나중에 내가 원하면 다시 그 베일을 들춰 우리가 나눈 이야기를 꺼내어 볼 수 있다는 것도, 그러나 그러지 않는 편이 낫다는 것도 알았다.

일반 병실로 옮긴 뒤로는 문병 오는 사람들을 맞이할 수 있어 기뻤다. 하루빨리 아이들을 만나 한 명 한 명 꼭 안아 주면서 이제 괜찮다고 말해 주고 싶었다. 드디어 아이들이 병실에 찾아왔다. 위의 세 아이는 내 옆에 오기를 꺼려 했고, 막내는 내 병상에서 최대한 멀리 떨어져 있었다. 내 몸에 덕지덕지 붙은 수많은 튜브와 기계 때문에 겁이 났던 것 같다. 그래도 아이들이 내 곁에 오기를 주저하는 것을 보자 가슴이 찢어질 듯 아팠다. 다행히 며칠이 지나자 아이들은 평안한 마음으로 내 옆에 누워서 영화도 보고, 나를 껴안기도 하면서 함께 시간을 보내 주었다. 그런데 이토록 아이들을 사랑하고, 그들과 함께 있는 시간을 좋아하면서도 한편으로는 내가 여전히 하나님과 함께하고 싶어 한다는 사실을 깨닫게 되자 마음이 아프고 우울해졌다.

어느 날 오후, 병원 동료인 알 포브스가 문병을 왔다. 그 역시 기독교인이었기 때문에 내 특별한 경험에 대해 그에게 자세히 말할 수 있겠다는 확신이 들었다. 그래서 익사했다가 하나님의 사랑에 힘입어 기적적으로 살아 돌아온 이야기를 해주었다. 그러자 그가 갑자기 울기 시작했다. 그는 내가 하나님과 가깝다는 사실에 질투가 났고, 더욱이 평상시에는 그다지 질투하는 성향이 아닌데 갑자기 질투심이 드는 게 당혹스러워서 더욱 울었노라고 말했다. 그의 반응에 당황한 나머지 나는 앞으로 자세하게 내 경험을 누군가에게 이야기하면 안 되겠다고 결심했다.

이제 생사의 고비를 넘기고 회복 단계에 이르면서 나는 점차 현실 세계로 돌아오게 되었다. 그리고 차츰 하나님의 세계와 연결되었다는 느낌이 줄어들면서 나는 두 세계 사이를 오가지도 못하고, 천사와 대화할 수도 없게 되었다. 상태가 점차 호전되자 남편을 비롯한 정형외과 교수들의 동의하에 첫 번째 수술을 받게 되었다. 여러 차례 수술을 받은 결과 몸은 점차 회복되었지만 통증도 함께 찾아왔다.

그 뒤 내가 병원에서 보낸 시간은 우리 가족 모두에게 힘든 시간이었다. 나는 병상에서 내가 체험한 것에 대해 좀 더 생각하고, 데살로니가전서의 세 구절을 꾸준히 묵상했다. 그 외에는 양쪽 엉덩이에서부터 발가락까지 깁스를 했기 때문에 몸을 움직일 수 없어 할 수 있는 일도 없었다. 빌은 병원에서 일하며 나를 돌봤고, 큰 아이들은 학교에 다녔고, 피터는 보모가 돌봐 주었다. 하루 종일 병상에 누워 하는 일이라고는 천장을 바라보는 것뿐이어서 천장 타일의 작은 구멍을 세고 또 세었다. 처음에는 세로로, 다음에는 가로로, 그 다음에는 대각선으로 세었다. 모두 똑같은 수가 나올 때, 잠시 기분이 좋아지긴 했지만 지루하긴 매한가지였다.

　사람들이 찾아오면 피곤하긴 해도 그 시간이 마치 지루한 시간을 비집고 들어오는 한 줄기 빛처럼 여겨졌다. 한 친구는 내가 햇볕을 잘 쏘일 수 있도록 병상 위치를 바꿔 주기도 했다. 또 어떤 사려 깊은 친구는 신선한 향기의 라벤더 로션을 갖다 주었다. 그 로션을 손에 문지를 때마다 아름다운 향기가 번져 마음이 평온해졌다. 당시 나에게는 그 향기가 너무나 소중했기 때문에 아직도 그 빈 병을 간직하고 있다. 빈 병에 남은 향을 맡을 때마다, 그때의 기쁨과 그 향기를 선물해 준 친구를 떠올리게 된다. 다행히 한 달이 넘는 입원 생활도 끝이 나고, 드디어 짐을 챙겨서 집으로 돌아오게 되었다.

회복의 시간

인생은 소나기가 지나가기를 기다리는 시간이 아니다.
인생은 빗속에서 춤추는 것을 배우는 시간이다.
_ 비비안 그린

그렇게 바라던 퇴원이었지만 집으로 돌아온 뒤에도 몸을 제대로 움직일 수 없어서 힘들고 우울했다. 물론 집으로 돌아온 것이 기쁘긴 했어도, 날마다 온몸으로 겪는 현실을 바꿀 수는 없었다. 사타구니에서 양 발의 발가락까지 단단하게 깁스를 해서 혼자 돌아다닐 수가 없었다. 누가 일으켜 세워 주면 보행기에 의지해서 혼자 서 있을 수는 있었지만, 옆에 아무도 없으면 휠체어에서 꼼짝 못하는 신세였다.

마침 1970년대에 건축된 주택을 임대해서 살고 있던 터라 문과 복도가 무척 좁은 편이어서 오가기가 불편했다. 그런데 한 친구가 문과 경첩을 떼어 내 준 덕분에 다행히 침실에서 부엌까지 휠체어로 이동할 수 있었지만 기본적으로 나는 돌멩이와 다를 바가 없었다. 누군가 옮겨 주어야만 이 방에서 저 방으로 이동할 수 있었고, 그렇지 않으면 한자리에서 꼼짝하지 못하고 가만히 있어야 했다.

입원해 있는 동안 다리에서 발생한 혈전이 폐까지 이동했다. 혈전을 녹이고 합병증을 예방하기 위해 남편이 매일 두 번 주사를 놓아 주었는데, 주삿바늘을 혐오하는 나로서는 참으로 힘든 일이었다. 통증 완화를 위해 마취제를 복용했고, 무엇보다 가장 기본적인 일상생활에도 누군가의 도움이 필요했다. 천국을 다녀왔다는 행복감은 어느새 사라지고 지루한 나날을 보내면서 도대체 왜 내가 이 세상으로 돌아와야 했는지 회의만 늘어 갔다. 언제나 활발하고 강인하게 살다가 꼼짝도 하지 못하는 신세가 되자 나는 점점 더 깊은 우울감을 느꼈다. "너희가 여러 가지 시험을 당하거든 온전히 기쁘게 여기라 이는 너희 믿음의 시련이 인내를 만들어 내는 줄 너희가 앎이라"야고보서 1장 2~3절라는 성경 말씀을 따르기가 쉽지 않았다. 이미 충분히 인내심을 키운 줄 알았는데 그게 아니었다.

남편의 주선으로 병원에 근무하는 간호조무사 스콧이 일주일에 두 번씩 우리 집을 방문했다. 스콧은 힘도 세고 친절하며 유쾌한 사람이었다. 그래서인지 항상 그의 방문이 기다려졌고, 그가 주는 기쁨의 에너지 덕분에 한결 즐거워졌다. 그는 나를 집 안 여기저기로 이동시키고, 머리를 감겨 주었다. 점심을 차려 주고, 햇볕이 잘 드는 곳을 찾아 주거나, 나와 함께 가만히 앉아 있기도 했다. 그런데도 나는 점차 활기를 잃어 갔다. 그러자 솜씨 좋은 친구들이 나서서 눈자동차 썰매 바닥에 스키 한 쌍을 달고, 썰매 뒤에 핸들까지 마련해 주었다. 이제 스콧이 썰매를 밀어 주면 나는 유모차에 탄 아기처럼 눈 덮인 거리를 돌아다닐 수 있게 되었다.

스콧은 천천히 썰매를 밀다가 언덕길에 다다르면 신 나게 속도를 내기도 했다. 얼마 뒤 나는 짤막한 스키폴을 이용해서 직접 썰매를 움직이고, 방향까지 조종하게 되었다. 오로지 썰매를 탈 때만 스스로 움직일 수 있었다. 정말이지 오랜만에 살아 있다는 기분이 들었다. 스콧이 우리 집에 오기만 하면 내가 항상 밖에 나가 썰매를 타고 싶어 했기 때문에 식구들 모두 그를 '썰매 소년'이라고 불렀다. 내가 회복되기까지 그는 내게 큰 힘이 되어 주었고, 몸이 좋아져서 그가 더 이상 방문하지 않게 되자 몹시도 아쉬웠다. 그 뒤 스콧은 잭슨홀을 떠나 의사 보조원이 되었다고 한다. 그와 연락한 지도 오래되었지만 그의 배려를 떠올리면 아직도 고맙기만 하다.

내가 카약 사고를 당했을 당시 막내 피터는 겨우 한 살 반이었다. 내가 입원해 있을 때만 해도 피터는 내 옆에 오기를 누구보다 두려워했지만, 집에 온 뒤에는 내 곁을 떠나지 않았다. 그 뒤 몇 달 동안 나는 피터의 변함없는 사랑과 위로를 받았다. 그리고 하나님이 우리 곁에 계신다는 사실에 대해 함께 이야기하면서 아이와 유대감을 갖고, 또한 피터를 통해 이 세계와도 이어질 수 있었다. 피터가 당시 어렸기 때문에 하나님의 세계를 기억하고, 내 영적 체험을 이해할 수 있었을 거라고 믿는다. 큰 아이들도 나에게 기쁨과 확신, 영감을 주었고 보모 카산드라 덕분에 우리 모두 안정감을 느낄 수 있었다.

나는 육체적으로는 집에 돌아왔지만 아직 감정적으로는 온전히 돌아오지 못한 상태였다. 육체는 차차 회복되었지만, 감정적으로는 여전히 혼란스러웠다. 그렇게 나만의 세계에서 헤어나지 못한 채 사고 이후 벌어진 일들을 이해하려고 애쓰면서 1년을 보냈다. 그러고 나서야 비로소 내가 이 세계에 돌아왔으며, 나에게는 아직 할 일이 남아 있다는 사실을 받아들일 수 있었다. 내가 진심으로 사랑하는 가족의 일원으로서 내게 다시 한 번 주어진 삶을 최대한 잘 살아야겠다고 드디어 인정하게 된 것이다.

내가 길고 긴 방황에서 제자리로 돌아오기까지 남편은 접착제처럼 나와 우리 가족을 하나로 이어 주었다. 남편은 정형외과 의사로서 자신의 일은 물론이고 내 일까지 관리했다. 아이들을 챙기고, 막내의 기저귀를 갈아 주고, 식구들의 밥을 챙기면서, 내 치료를 전담하고 주사도 놔 주었다. 이런 분주한 일상 속에서 내가 사고를 당하는 동안 자신이 아무 힘도 되지 못했다는 무기력함과 우울감까지 스스로 해결해야 했으니 심신이 얼마나 고단했을까 싶다. 그러나 남편은 대단하리만큼 잘 버텨 주었다.

당시 이웃들이 보여 준 사랑을 생각하면 지금도 눈물이 나온다. 몇 달 동안 저녁마다 교인들과 이웃들은 번갈아 우리 집에 음식을 갖다 주었다. 또한 주말이면 남편이 스키를 타거나 혼자만의 시간을 보낼 수 있도록 나와 아이들을 돌봐 주기도 했다. 이사 온 지 얼마 되지 않아서 사고를 당했기 때문에 동네 사람들과는 잘 모르는 사이였는데도 그들은 우리에게 큰 도움을 주었다. 우리 가족으로서는 대단한 축복이 아닐 수 없었다.

나의 아버지

> 나는 선한 싸움을 싸우고
> 나의 달려갈 길을 마치고 믿음을 지켰으니
> _ 디모데후서 4장 7절

퇴원하고 2주 뒤에 친아버지의 생명 유지 장치를 제거한다는 전화가 걸려 왔다. 아니 이게 무슨 소리인가? 내 정신 상태는 완전히 정상이었지만, 그 통화 내용을 전혀 이해할 수 없었다. 아버지가 입원했다는 사실조차 모르고 있던 마당에 생명 유지 장치를 제거한다는 소식을 어떻게 이해할 수 있겠는가?

다시 확인해 보니 아버지는 2주 전 샌프란시스코에 사는 오빠를 방문했다가 건강이 나빠지셨다고 한다. 아버지는 집으로 돌아와서 심각한 폐렴 증상을 보이셨고, 입원하고 항생제 치료까지 받았지만 호전되지 않아 결국 인공호흡기를 부착하셨다. 그런데도 상태는 점점 악화되었고, 여러 치료에 불구하고 내장 기관이 망가지기 시작하자 결국 아버지의 새 부인은 생명 유지 장치를 제거하겠다는 결정을 내렸다. 아버지의 새 부인이자 나의 계모이기도 한 그녀가 아버지가 입원하셨을 때나 상태가 악화되었을 때, 그리고 심지어 생명 유지 장치를 떼기로 결정하기 직전까지도 우리 네 남매(아버지의 초혼 자녀) 중 누구에게도 연락하지 않았다는 사실은 정말 받아들이기 힘들었다.

사실 지난 몇 년간 아버지는 당신의 상황 때문에 우리들과 좀 힘든 관계를 유지하셨다. 아버지는 우리와 가깝게 지내고 싶다고 종종 말씀하셨지만 아버지의 새 부인은 아버지가 우리와 만나는 것을 무척 싫어했다. 그녀는 자녀를 다섯 둔 과부였고, 그 중 몇 명과 함께 우리 아버지와 같이 살았다. 그녀는 아버지가 재혼하기 전에 당신만의 삶이 있었고, 친자가 넷이나 된다는 사실을 받아들이지 못했던 것 같다. 그래서인지 그녀는 아버지가 집에 우리 네 남매의 사진을 걸어 두시거나 우리에게 전화하는 것, 심지어 우리를 방문하는 것조차 막았다. 아버지는 우리와 이 문제에 대해 상의하면서 종종 울기도 하셨지만, 그녀에게 변화를 요구할 힘도 의지도 없으셨다. 아버지가 곧 돌아가신다는 소식은 아버지와의 힘든 관계가 이제 끝나고, 동시에 화해할 가능성마저 사라진다는 의미였다. 그렇기 때문에 나는 아버지와

이 세상을 연결하는 마지막 끈이 제거되기 전에 아버지를 꼭 만나야겠다고 결심했다.

나는 그녀 몰래 아버지의 담당의에게 연락해서 우리 남매가 도착할 때까지 제발 생명 유지 장치를 떼지 말아 달라고 사정했다. 멀리 떨어져 살던 우리 네 남매가 모두 도착하려면 아버지가 이틀 정도 인공호흡기를 더 하고 계셔야 했지만 의사는 결국 그러기로 동의했다. 내가 협박을 하고 나서야 의사가 동의했다는 사실이 무척 분하기는 했다.

내가 공항에 도착했을 때, 다들 먼저 도착해서 나를 기다리고 있는 상태였다. 우리는 곧장 아버지가 계신 병원으로 차를 몰았다. 아버지는 병상에서 진정제를 맞고 계셨고, 인공호흡기가 규칙적으로 돌아가고 있었다. 아버지는 아직 '살아' 계셨지만 아버지의 영혼은 이미 몸을 떠난 뒤였다. 나는 아버지가 이미 돌아가셨다는 사실을 온몸으로 절절하게 느꼈다. 육체가 죽는 순간 영혼이 그 육체를 떠난다고 다들 믿고 있다. 하지만 나는 육체가 죽은 뒤에 영혼이 떠나는 것이 아니라, 영혼이 떠나는 것이 육체의 죽음을 결정한다고 믿는다. 현대 의학과 기술 덕분에 육체라는 유기체가 물리적으로 작동하고 그로 인해 '살아' 있는 것처럼 보일지라도 하나님이 그 영혼을 육체에 되돌려 줄 목적을 찾지 못하시면, 그 육체는 본질적으로 죽은 것이다. 외과 수련 중에 직접 이런 사례를 목격하기도 했고, 꼭 경험을 통해서가 아니더라도 아직 육체적으로 죽지 않은 몸을 영혼이 떠난 사례들은 많이 알려져 있다.

아버지는 쾌활하고 활동적이며 건강하셨다. 아버지는 아버지의 쌍둥이 형과 함께 미국대학운동협회의 육상 스타로서 여러 대회에서 우승하고 협회의 명예의 전당에도 오르셨다. 그러던 분이 이제 수척하고 창백한 상태로 병상에 누워 계신 것을 보고 있자니 여러 감정이 몰려왔다. 아버지가 다시 하나님께로 돌아가신다는 사실은 기뻤다. 하지만 나는 왜 다시 내가 이 세계로 돌아왔는지 그 이유를 온전히 이해하지 못했기 때문에 나 자신에 대해서는 아쉬운 기분이었다. 무엇보다 아버지에게 사랑하고 감사한다고 말할 수 있는 마지막 기회를 놓친 것을 후회했고, 더욱이 천국에서 겪었던 내 경험에 대해 말하지 못한 점은 매우 통탄스러웠다. 굉장한 기쁨이 천국에서 아버지를 기다리고 있다고 말씀드렸더라면 아버지는 좀 더 평안하게 떠나셨을 것이다. 우리 네 남매와 계모가 지켜보는 가운데 아버지의 생명 유지 장치가 제거되었고, 아버지는 천천히 마지막 숨을 거두셨다.

우리 네 남매는 호텔 방으로 돌아와 아버지와 보낸 어린 시절의 추억을 떠올리며 함께 울고 웃었다. 그 뒤 며칠 동안 우리는 추모 예배에 필요한 꽃과 프로그램 등을 준비하고 계모는 다른 부분을 맡았다. 정확히 말하자면 내 형제자매들이 모든 준비를 하는 동안 나는 자동차나 집에서 기다렸다. 아직 발에 긴 깁스를 하고 있어서 움직이기 힘들었고, 그렇다고 보행기로 따라다닐 수도 없었다.

이 책 앞부분에서 이미 말한 대로 미시건 주 칼라마주의 제1장로교회는 고색창연한 아름다운 교회다. 아버지의 장례식이 진행되는 내내 대형 스테인드글라스로 들어오는 아름다운 빛이 예배당을 환하게 비추었다. 늘 앉던 앞줄에 앉아 어린 시절을 회상하자니 처음 스테인드글라스를 봤을 때의 경이로움이 되살아났다. 미시간 주에서 아버지는 많은 존경을 받으신 유명 인사여서 주민 모두가 조문을 왔다고 느껴질 정도로 조문객이 많았다. 장례식 중에 나도 휠체어에서 힘들게 몸을 일으켜 강단에 올라 추도사를 했다. 마지막에 백파이프로 「어메이징 그레이스Amazing Grace」가 연주될 무렵에 나는 완전히 기진맥진할 지경이 되었다.

추모 예배를 마치고 집에 돌아오는 길에 나는 오하이오 주 신시내티에서 비행기를 갈아타야 했다. 그런데 솔트레이크시티행 비행기 탑승이 시작될 무렵 공항터미널 안에서 화재 경보가 울렸다. 여행을 많이 다녔지만 화재 경보가 울리는 상황은 처음이었다. 실내에 있는 사람들은 모두 건물에서 빠져나가 도로에 서 있으라는 지시가 내려졌다. 나도 대피 지시를 따르려 했지만 도와주는 사람이 아무도 없어서 혼자 휠체어를 밀고 가다가 긴 계단의 꼭대기에서 꼼짝 못하는 상황이 되었다.

다른 사람들이 줄을 지어 건물 밖으로 대피하는 걸 보니 극심한 좌절감에 눈물이 흐르기 시작했다. 내 처지가 비참했지만, 도움을 요청할 공항 직원이라고는 눈 씻고 찾아봐도 없었다. 남편이 같이 와 주겠다고 했지만 나보다는 아이들을 돌보는 게 맞다고 판단했기 때문에 남편의 제안을 거절한 것이 뒤늦게 후회되었다. 지금까지 온갖 사고를 다 겪고서도 살아났는데 이제와 화재로 죽게 되다니 도무지 믿을 수가 없었다. 도움을 요청하거나 작별 인사를 전할 휴대전화조차 없었다. 한참 뒤 공항 직원의 모습이 보였고, 내가 도움을 요청하자 그는 이렇게 대답했다.

"허위 경보였으니 걱정하지 마세요."

그렇다. 하나님은 아직도 나를 향한 계획을 갖고 계시다.

사랑하는 새아버지

> 인생을 되돌아보면 사랑의 정신으로 무언가를 했을 때야말로
> 자신의 삶을 진실로 산 순간이었음을 알게 될 것이다.
> _ 헨리 드러먼드

집에 돌아온 뒤 친정어머니가 나를 간호하고 아이들을 돌봐 주기 위해 잭슨홀에 오셨다. 그런데 어머니가 도착하신 다음날 친아버지와 마찬가지로 새아버지도 폐렴 증상으로 병원에 입원하셨다는 소식이 전해졌다. 새아버지는 혈액이상증인 척수형성부전증을 앓고 있었고, 그 합병증으로 예전에도 폐렴에 걸려 입원하신 적이 있었다. 친아버지 역시 이와 비슷한 혈액이상증 때문에 폐렴에 걸리셨지만 마지막으로 입원할 때까지 우리에게 자신의 증상에 대해 알리지 않으셨다.

새아버지의 담당의는 항생제가 효과가 있는 편이니 병세에 대해 크게 걱정하지 않아도 된다며 우리를 안심시켜 주었다. 어쨌

든 우리는 어머니가 노스캐롤라이나로 새아버지를 간호하러 가셔야 할지에 대해 생각해 보기로 했다. 아침에 커피를 마시면서 어머니와 이야기를 나누는 도중 커다란 회색 부엉이 한 마리가 우리 식탁 근처에 있는 데크 난간에 앉았다. 이런 종류의 부엉이는 처음 보는 거라 어머니와 나는 깜짝 놀라 자리에서 일어났다.

부엉이는 몸집이 크고 우아한 동물이다. 마침 우리 집 고양이 한 마리도 데크에 자리를 잡고 있었기 때문에 두 동물이 과연 어떻게 반응할지 궁금했다. 고양이는 천천히 난간으로 다가가서 부엉이를 올려다보았다. 부엉이라면 고양이 정도야 간식으로 먹어 치울 수도 있겠지만 녀석은 고양이를 쓱 쳐다보고는 계속 우리만 응시했다. 부엉이는 오로지 우리에게만 관심이 있는 것 같았다. 그날은 물론이고 그 뒤 며칠 동안 부엉이는 우리를 졸졸 따라다니는 듯했다.

새아버지와 나는 우리 둘 중에서 누가 더 어머니의 도움이 필요한지에 대해 전화로 사랑에 가득 찬 말다툼을 벌였다. 아버지는 내가, 나는 아버지가 더 어머니의 도움이 필요하다고 우겼다. 결국 나는 주말 즈음에 어머니를 보내 드려야겠다고 결심했다. 어머니가 공항 가는 택시에 오르시려는데 그 부엉이가 지난 일주일 동안 그랬던 것처럼 데크 옆 말뚝에 자리를 잡고 집요하게 나를 노려보았다. 나도 녀석을 무시할 수 없었다. 내가 관심을 보이지 않으면 녀석이 내 머리 위에 앉을 것 같았다. 녀석은 분명 뭔가 할 말이 있어 보였다. 내가 관심을 보이자 녀석은 마치 내게 어머니와 같이 가라고 말하는 것 같았다.

새아버지와 나는 특별히 친밀한 사이였다. 만약 그의 임종을 보지 못한다면 틀림없이 몹시 후회할 것이 분명했다. 그래서 아직 몸을 가누기가 힘들고, 여행길이 고되리라는 사실을 뻔히 알면서도 어머니와 함께 가기로 결심했다. 나는 집요하게 내 갈 길을 안내해 준 것에 감사하다는 표시로 부엉이를 마지막으로 쳐다보고 힘든 몸을 이끌고 택시에 올라탔다.

노스캐롤라이나로 가는 여정은 예상했던 대로 힘들고 고단했다. 어머니와 함께 잭슨홀 공항에 도착해 보니 그날의 마지막 비행기가 이미 떠난 뒤였다. 다행히도 한 친구가 다섯 시간이나 차를 몰아 솔트레이크시티 공항까지 우리를 데려다 주었다. 하지만 다음 비행기가 출발할 때까지 그의 픽업트럭 뒷좌석에서 밤을 보내는 것은 쉬운 일이 아니었다.

드디어 어머니와 나는 새아버지의 병실에 도착했다. 새아버지는 기분이 좋아 보였고, 마침 그의 아들 래리도 와 있어서 우리는 즐겁게 대화를 나누었다. 다음날에는 새아버지의 병실에서 어머니의 생신을 축하하기도 했다. 새아버지는 기분이 좋아 크게 웃으시기도 했고, 가장 좋아하는 음식인 쿠키도 한 입 드셨다.

다음날 아침 어머니와 나는 식탁에서 커피를 마셨다. 아버지의 상태가 괜찮은 것 같아 안도하며 퇴원 가능성에 대해 이야기를 나누는데 창문 너머로 열매 하나 열리지 않은 커다란 돌배나무 한 그루가 보였다. 어머니는 내게 그 나무 이야기를 들려주셨다. 어머니와 새아버지는 동네에서 흔하게 볼 수 있는 돌배나무의 커다란 분홍색 꽃이 마음에 들어서 오래전 이 나무를 심으셨다고 한다. 그런데 그 뒤 그 나무는 단 한 번도 꽃을 피우지 않았다. 새아버지는 아침 식사를 하면서 창문 너머로 형형색색 피어나는 꽃을 보고 싶어 했기 때문에 다음 봄이 되면 이 나무를 자르고 새 나무를 심기로 하셨단다.

어머니와 함께 여전히 밝은 마음으로 병원에 도착해 보니 예상치 못했던 상황이 벌어지고 있었다. 새아버지의 상태가 악화되면서 장기가 손상되기 시작한 것이다. 하나님이 그를 부르시는 중이었고, 우리는 이 땅에서 그의 시간이 얼마 남지 않았다는 것을 깨달았다. 그의 아들 래리와 어머니, 그리고 나는 새아버지가 존엄성과 사랑을 갖춘 모습으로 다음 세계로 넘어가셔야 한다는 결단을 내리고 영양공급용 튜브를 제거하고 인공호흡기를 달지 않기로 했다. 우리는 각자 새아버지에게 깊은 사랑을 표현하고, 이제 가셔도 좋다고 말씀드렸다. 그렇게 우리는 함께 새아버지를 껴안은 채 그의 영이 평화로이 이 세계를 떠나는 것을 바라보았다.

다음날 아침 나는 어머니와 식탁에서 밖을 내다보다가 그만 숨이 멎을 뻔했다. 한때 버려졌던 돌배나무에서 아름다운 분홍 꽃들이 만발해 있었다. 불과 하루 전만 해도 꽃 한 송이 피지 않았던 나무에 크고 아름답고 완벽한 분홍 꽃이 가득 펴 있었다. 옆의 다른 나무들의 꽃에 서리가 내린 뒤에도 분홍색 돌배나무 꽃은 한참 동안 남아 있었다. 마침내 돌배나무의 꽃이 질 때도 창문에서 보이지 않는 쪽부터 먼저 꽃이 진 다음 어머니의 식탁과 마주해 있는 꽃들이 차례대로 졌다. 그야말로 새아버지가 선물해 주신 놀라운 기적이었다. 어머니는 화가에게 의뢰해서 꽃이 만개한 돌배나무를 그림에 담아 새아버지를 기억하고 그와 함께 보낸 시간을 기리라며 내게 선물로 주셨다. 나는 그 그림을 욕실 앞에 걸어 두고, 그림을 볼 때마다 깊은 평화와 충만함을 느끼고 있다.

잭슨홀로 돌아가는 여정은 고되긴 했어도 화재 경보가 울리는 것 같은 위기 상황이 없었기 때문에 평온한 편이었다. 마침내 우리 집 앞에 도착했을 때, 커다란 회색 부엉이의 모습이 다시 보였다. 녀석은 팔을 뻗으면 닿을 정도 거리의 말뚝에 앉아 있었고, 우리는 서로 애정 어린 눈길을 주고받았다. 나는 부엉이 안에 있는 천사의 존재를 알아보고, 그가 내게 준 사랑과 인내에 감사하며 눈물을 흘렸다.

그 뒤, 다시는 그 부엉이를 보지 못했다. 녀석은 내게 하나님이 우리를 사랑하시며, 우리의 발걸음을 인도하시고, 어떠한 방법으로든지 우리에게 늘 다가오신다는 사실을 다시 한 번 알려 주었다. 하나님의 사자는 언제 어디서나 존재하며, 우리가 받아들일 수 있는 형태로 우리에게 다가온다. 그것은 커다란 회색 부엉이일 수도 있고, 다른 어떤 생물이나 사람일 수도 있다.

햇살이 비치는 천국의 들판에서 대화를 나눈 천사처럼 우리 주변에는 수많은 천사가 존재한다. 하루 종일 우리만 지켜보는 우리의 전담 천사도 있다. 그 천사는 우리가 잘 알아채지 못하는 소소한 방식으로 우리를 도와주고, 이끌어 준다. 우리를 앞으로 밀거나 뒤로 잡아당기면서 하나님이 우리를 위해 예비하신 길로 인도한다.

다른 이들에게 영감을

> 내가 전심으로 여호와께 감사하오며
> 주의 모든 기이한 일들을 전하리이다
> 내가 주를 기뻐하고 즐거워하며
> 지존하신 주의 이름을 찬송하리니
> _ 시편 9편 1~2절

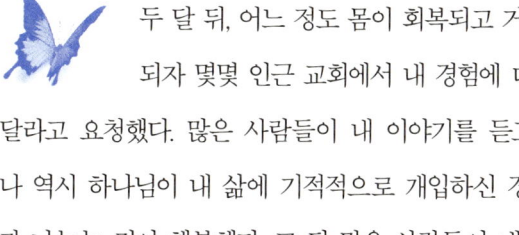 두 달 뒤, 어느 정도 몸이 회복되고 거동할 수 있게 되자 몇몇 인근 교회에서 내 경험에 대해 이야기해 달라고 요청했다. 많은 사람들이 내 이야기를 듣고 싶어 했고, 나 역시 하나님이 내 삶에 기적적으로 개입하신 경험을 사람들과 나누는 것이 행복했다. 그 뒤 많은 사람들이 내 이야기를 여기저기 알린 결과 아직도 그 녹취본이 곳곳에 돌아다니고 있다. 사람들이 내 이야기에 계속 관심을 보이는 것은 그 이야기를 통해 하나님의 개입하심에 대한 영감을 얻거나 그분의 개입하심을 믿고 싶어 하는 사람들이 많다는 사실을 증명해 준다.

사실 전능하신 하나님이 우리 한 사람 한 사람을 돌보시고 우

리 삶에 직접 개입하신다는 것을 믿기는 쉽지 않다. 나는 의사이자 과학자로서 수와 통계 자료를 다루며, 더욱이 성격도 회의적이고 약간 냉소적인 편이다. 지구 상에는 하나님의 창조물이 너무 많고, 우리도 그중 하나다. 이 우주와 비교해서 우리 각 사람은 얼마나 중요한 존재일까? 또 하나님은 어떻게 각 사람을 속속들이 아시고 깊이 사랑하셔서 필요할 때 도움의 손길을 내미시는 것일까?

그 어떤 과학자도 하나님의 소유인 시간과 공간과 차원의 변화를 설명하지 못한다. 나 역시 그 변화를 확실하게 이해하지 못하지만 나는 직접 그 변화를 경험했고, 우리 모두가 하나님의 특별하고도 소중한 자녀임을 믿는다. 우리는 인간이기 때문에 하나님을 이해할 수 있는 능력도 가능성도 없다. 자녀를 많이 둔 부모는 사랑이 부족할까? 자녀가 많기 때문에 그중 한 자녀를 덜 사랑하게 될까? 아니면 가끔 화를 내게 만드는 아이를 덜 사랑할까? 이 질문에 대한 대답은 물론 "아니다"이다. 사랑할수록 사랑은 더 커지고 깊어진다. 우리를 향하신 하나님의 사랑도 마찬가지다. 그분의 사랑은 한이 없다.

하나님은 분명 우리 각 사람을 아신다. 여기서 '아신다'라는 말은 절대적이고 완전하고 순수하다는 의미를 내포하고 있다. 재봉사가 직접 씨를 뿌려서 키운 목화로 실을 만들고 천을 짜서

만든 드레스에 대해 아는 것처럼, 혹은 목수가 직접 가꾼 나무로 만든 의자에 대해 아는 것처럼, 하나님은 우리 각 사람을 잘 아신다. 하나님은 우리를 어머니의 자궁에 보내기 이전부터 잘 알고 계신다.

내 이야기를 들은 많은 사람들이 영감과 희망을 품을 뿐만 아니라 자신의 이야기를 자유롭게 털어놓을 수 있는 용기를 얻었다고 했다. 정말이지 많은 사람들이 내게 다가와 잠시라도 시간을 내어 달라고 부탁했는데, 그들 대부분이 이렇게 이야기를 시작했다.

"나에게 일어난 일에 대해 말하고 싶어요. 그동안 내 말을 믿어 주지 않을 거라고 생각했기 때문에 누구에게도 말해 본 적이 없는 이야기예요."

그리고 나선 천사와 대화하거나 하나님의 사자와 소통한 경험, 성령님과 함께한 특별한 체험 등에 대한 이야기를 털어놓았다. 그들은 자신의 경험을 이야기하고서 자유함을 느꼈고, 내게 이야기를 털어놓음으로써 자신의 경험을 인정받았다는 느낌을 받았다고 고백했다.

인간의 뇌는 자신이 경험한 사건을 잘 기억하지만 세부적인 사항까지는 정확하게 기억하지 못한다. 결혼식이나 아이가 태어난 순간처럼 인생에서 중요한 사건이라도 시간이 지남에 따라 그 세부적인 내용은 점차 잊어버리게 마련이며, 우리의 기억 역시 약간씩 변하기 마련이다. 점점 더 과장이 늘어나는 낚시꾼의 허풍이나 귓속말로 이야기를 전달하는 게임을 떠올려 보자. 그 게임에서 마지막 사람이 큰 소리로 자신이 들은 이야기를 말하는데, 그것이 원래 이야기와 판이한 경우가 허다하다. 또한 아무리 생생한 꿈을 꾸었다 해도 쉽게 잊어버릴 때가 많다. 그런데 나는 하나님의 개입하심에 대한 수많은 경험담을 듣다가 놀라운 사실을 깨달았다. 그러한 경험은 시간이 아무리 지나더라도 기억에서 사라지거나 지워지지 않는다는 사실이다. 하나님과의 만남을 경험한 사람들은 당시의 경험을 아주 세세한 것까지 또렷이 기억한다. 심지어 당시의 기분까지 생생하게 기억해 낸다.

내게 자신의 이야기를 털어놓은 사람들은 대부분 고통스러운 상황에서 그런 경험을 했다고 고백했다. 극한의 스트레스를 받는 상황에서 강렬한 영적 체험을 하는 경우가 많기 때문이다. 나는 내가 겪었던 모든 것을 동일하게 모든 사람들이 체험할 수 있다고 믿는다. '일상적인 상황'에서는 우리의 정신이 주변 세계에 분산되는 반면, '극단적인 상황'에 처하면 무엇이 가장 중요한지 분간할 수 있게 된다. 극한의 상황에서 우리는 삶에서 그 무엇보다 중요한 것이 하나님과의 관계임을 깨닫게 되는 것이다.

물론 일상에서도 의지적으로 하나님과 깊이 교제하기 위해 그분께 마음을 집중하는 것은 그다지 어려운 일이 아니다. 우리 교회의 폴 헤이든 목사님은 그것을 라디오 주파수 맞추는 일에 비유했다. 다시 말해서 우리 영혼을 '하나님의 주파수'에 맞춰야만 그분이 우리에게 보내시는 메시지를 들을 수 있다는 것이다.

내 상태가 상당히 회복되어 다시 진료를 보게 된 어느 날, 지인 한 명이 약속도 없이 진료실로 찾아왔다. 그녀는 그날 내가 가장 바쁘다는 것을 알고 있었지만 나와 꼭 이야기를 나누어야 한다고 우겼다. 우선 내가 그녀와 어떻게 알게 되었는지를 설명하겠다. 와이오밍에서 개업하고 얼마 지나지 않아 나는 그녀의 남편을 진료하게 되었다. 나는 그의 수술을 집도했고, 어려운 수술이었지만 무사히 잘 끝났다. 수술 뒤에도 아무런 합병증이 없었다. 예후가 괜찮았기 때문에 수술하고 사흘 뒤, 나는 그의 퇴원 절차를 준비하기 시작했다.

당시 나는 몰랐지만, 그와 그녀는 수술 전에 그들이 다니던 교회의 목사님께 축복 기도를 받았다고 한다. 그날 목사님은 그녀에게 가장 사랑하는 것을 포기해야 한다고 말했다. 그리고 그에게는 하나님이 그를 매우 기뻐하시며, 이 세계와 다음 세계 사이를 막는 장막이 매우 얇으며, 곧 결정을 내릴 시간이 다가온다고 말했다고 한다. 그들은 함께 그 말의 의미를 해석하다가 마침내 그가 육체의 생명과 죽음 중에서 하나를 선택해야 한다는 결론을 내렸다. 부부는 둘 다 영적으로 헌신된 사람들이었다. 그리고 서로 말하지는 않았지만 그가 하나님을 선택하리라는 것을 알고 있었다.

수술을 받은 지 나흘째 되는 날, 그는 화장실에서 갑자기 죽었다. 후에 그녀는 남편이 죽기 전 천사들과 함께 있다고 말하면서 내내 그 천사들과 이야기를 나누었다고 했다. 또한 그녀에게 천사들이 보이냐고 계속 물었고, 그녀가 보이지 않는다고 대답하자 실망했다고 한다. 그리고 얼마 뒤, 그는 그녀에게 무척 사랑한다고 말하면서, 지금은 천사와 함께 가지만 곧 다시 찾아오겠다고 했다며 내게 말해 주었다.

다시 본론으로 돌아가 보자. 나는 그녀가 몇 시간을 운전해서 나를 찾아온 것을 알았기 때문에 잠시 시간을 내 달라는 요청을 거부할 수 없었다. 우리는 병원 안뜰에 앉았고, 그녀는 근무 시간을 빼앗아 진심으로 미안하다면서 중요하게 할 말이 있다고 했다. 그러면서 그녀는 아주 비극적인 일이 내게 생길 거라고 이야기했다. 그리고 그 사실을 미리 알려 줘야 한다는 생각에 병원으로 달려왔다고 했다. 그녀는 남편이 죽은 뒤, 그의 영이 가끔 찾아와서 그녀를 안내했다고 말했다. 그런데 여러 달 동안 보이지 않다가 어제 꿈에 남편이 나타났단다. 남편은 흥분과 기쁨에 가득 찬 모습으로 나타나서 내가 아주 큰 사고를 당했는데, 자신이 천상의 아버지께 다른 영들과 함께 나를 구하러 가겠다고 요청했다고 했단다. 정말 그의 바람대로 그는 사고 당시 내 옆에서 나와 함께 걷고, 또 나를 들어 올려 주었다.

그녀는 내가 칠레에서 카약 사고를 당한 사실을 전혀 몰랐지만 마치 그 현장에 있던 사람처럼 사고에 대해 자세하게 이야기했다. 조심하라는 그녀의 당부를 들은 뒤, 나는 내가 겪은 사고에 대해 말해 주었다. 그녀는 사고가 이미 벌어졌다는 사실에 깜짝 놀랐지만, 사고 그 자체에 대해서는 그다지 놀라지 않았다. 남편을 통해 그 이야기를 이미 구체적으로 자세히 들었기 때문이었다.

돌을 굴려 주시는 하나님

> '믿음의 기도'는 우리가 열심히 믿기만 하면
> 하나님이 우리의 바람을 모두 들어 주신다는 의미가 아니다.
> 그것은 하나님이 그분의 본성과 목적, 약속에 따라
> 언제나 우리 기도에 응답하신다는 확신이다.
> _ 앨빈 밴더그린드

카약 사고 이후 나는 내가 더 이상 이 세계에 속하지 않는다고 느꼈다. 그럼에도 불구하고 이 땅에서 계속 살아야 한다고 생각하니 우울해졌다. 나는 내가 과연 어떤 일을 겪었는지, 내가 알아야 할 진실은 무엇인지 계속 고민했다. 그리고 내 경험을 보다 잘 이해하기 위해 죽음 직전까지 갔다 왔던 사람들의 경험담을 찾아 읽었다. 나는 나와 비슷한 경험을 한 사람들 역시 내가 느끼는 것과 비슷한 좌절감을 흔히 경험한다는 사실을 알고 위안을 받았다. 또한 나를 포함해서 이미 죽음을 경험한 사람들은 세속적인 일에 더 이상 끌리지 않게 된다는 사실도 발견했다.

그래서 다른 사람의 행동에 대해서는 한없이 참을 수 있었지만, 내가 그들과 개인적으로 연결되는 것은 참기 힘들었다. 사고 전이나 지금이나 항상 내 삶의 여러 목표가 통합되기를 바랐는데, 지금은 그런 마음이 더욱 강렬해졌다. 내 목표는 가정과 직장 어디에서나 정직하고 도덕적으로 하나님을 경외하며 사는 것이다. 그래서 항상 감사하고 기뻐하며, 기도로 충만한 삶을 살고 싶었다. 시간이 흐를수록 나는 나와 비슷한 생각을 하는 사람들과 내 시간을 공유하며 지내는 것이 점점 더 중요하게 느껴졌다.

우리 부부는 일부 동료 의사의 태도와 행동에 점차 실망하게 되었고, 결국 2004년 무렵 그들과 갈라서는 것이 최선이라는 결정을 내렸다. 독립하고 싶긴 했지만 당시 소속된 의료인단체에서 섣불리 나올 수는 없었다. 근방에서 유일무이한 정형외과 단체인 데다가 소속된 이들 모두 '경쟁 금지' 조항에 서명했기 때문이었다. 그 단체에서 나오는 게 정당하다고 생각하면서도 남편과 나 역시 그 조항에 서명했기 때문에 일자리를 찾으려면 잭슨홀을 떠나야 할 수도 있었다.

확실한 결정을 내리지 못하고 고민하던 차에 영국령 버진 아일랜드의 버진 고르다 섬으로 가족 휴가를 가게 되었다. 휴가지에서도 계속 고민하다 부활절 아침을 맞았는데, 하나님이 우리에게 두려워하지 말라고 말씀하고 계신다는 것을 깨달았다. 또한 "나는 너희와 함께 있으며, 너희를 강하게 하며, 너희를 도와주며, 너희를 지탱해 줄 것이다"라고 약속해 주심을 마음 깊이 느꼈다.

다시금 하나님의 약속을 받은 부활절 아침은 우리 가족에게 새로운 시작을 알리는 계기가 되었다. 우리는 바닷가 회의실에 마련된 예배에 참석했다. 설교자의 힘찬 카리스마가 회중을 감쌌다. 그는 예수님의 죽음과 부활이라는 일반적인 부활절 설교 대신 예수님이 부활하시던 날 무덤을 지키던 병사들이 하나님의 능력에 압도당하며 느꼈던 두려움에 대해 말했다. 그는 당시 로마인들이 예수님을 특별한 사람이 아니라고 주장하면서도 그분을 두려워했기 때문에 예수님의 무덤을 단단하게 봉인하고 사방에 망보는 사람을 두었다고 했다.

예수님이 돌아가시고 사흘째 되던 날, 땅이 흔들리고 하늘에서 내려온 주님의 천사가 예수님의 무덤을 막고 있던 돌을 굴렸다. 설교자는 하나님이 관여하실 때, 어느 누구도 그 돌이 굴려지는 것을 막을 수 없다고 강조했다. 우리 부부는 하나님이 우리 삶에 관여하시며, 이제 우리 앞에 놓인 돌이 굴려져서 자유로워질 시간이 되었다고 느꼈다. 우리는 예배가 끝나자마자 병원 담당자에게 이메일로 사직서를 보냈다. 사직서가 잘 전송된 것을 확인한 뒤 우리는 앞으로 펼쳐질 미지의 나날들을 기대하며 함께 축하했다.

  두어 달 뒤, 우리는 새 진료실을 마련하고 새로운 의료단체를 조직했다. 우리는 절대 뒤돌아보지 않았다. 하나님이 함께하실 때 많은 일이 벌어졌고, 병원은 번창했다. 그리고 마침 예전에 우리와 같은 단체에 소속되었던 앨비스 포브스 박사가 걸프전 복무를 마치고 돌아왔다. 그는 그 단체를 떠나 우리에게 합류했다. 그 역시 하나님 중심의 삶에 헌신할 수 있는 사람이었고, 우리는 우리의 선택이 옳았음을 다시금 깨달았다.

나의 아들, 윌리

> 우리는 하나님의 계획과 그분의 방식을 종종 이해하지 못한다.
> 그러나 이해하지 못하는 바로 그때가
> 하나님을 믿어야 하는 때임을 우리는 믿어야 한다.
> _ 제리 브릿지스

내가 들판에서 들었던 천사의 이야기 대부분은 맏아들 윌리와 관련된 것이었다. 윌리에 대한 이야기를 시작하기 전에 다시 한 번 분명히 밝힐 게 있다. 아주 어린아이들은 자신이 어디에서 왔는지 확실하게 기억하며, 하나님의 세계와 상당히 깊게 연관되어 있다. 또한 어린아이들은 자신이 태어나기 전에 살았던 세계가 어떠했으며, 그곳에서 어떤 사랑을 받았는지 잘 기억한다. 더욱이 어린아이들은 천사를 볼 수 있다고 믿는데, 나 외에도 많은 사람들이 이런 현상에 대해 이미 글을 썼다. 그러나 점차 아이들은 이 세계와 관계를 맺으면서 자신만의 여정을 시작하게 된다.

하나님께로 돌아가는 길에는 우회로나 막다른 골목이 많다. 그때 우리는 하나님을 찾거나, 그분의 사랑과 지시를 받아들이겠다고 자유롭게 선택할 수 있다. 하나님은 우리에게 자유의지를 주셨다. 그것은 곧 우리가 궁극적으로 우리의 선택과 행동, 삶에 대해 책임져야 한다는 것을 의미한다.

무언가를 자유롭게 선택하려면 우선 자신의 선택이 온전히 자신에 의한 것이며, 누군가에 의해 강요된 것이 아니라는 점을 확실히 깨달아야 한다. 또한 두 가지 이상의 대상 중에서 선택해야 하며, 주어진 시간에 그중 하나만을 실현해야 한다. 예컨대 저녁 초대를 받았을 때, 그 초대를 받아들이거나 거절하거나 둘 중 하나를 선택해야 한다. 동시에 두 가지를 선택할 수는 없다. 심리학자들의 해석에 의하면, 인간은 동시에 한 가지 이상을 선택하지 못할 때, 내면적인 갈등을 겪는다고 한다. 그리고 그 갈등 때문에 무엇을 선택할지에 대해 더 열심히 알아보고, 그 결과에 따른 가치를 더 많이 살피면서 자신이 내린 결정을 강력하게 포용하게 된다. 우리는 하나님을 선택하거나 거부할 수 있지만 동시에 두 가지 모두를 선택할 수는 없다. 하나님의 약속을 믿겠다고 자유로이 선택할 때, 우리의 믿음은 더욱 강건해지고 어떤 어려움이 닥쳐도 흔들리지 않게 된다.

칠레에서 사고를 당하고 입원해 있는 동안 나는 햇볕이 내리

쬐는 들에서 천사와 대화를 했다. 그때 천사에게 다른 사람들은 왜 나와 비슷한 경험을 할 기회가 주어지지 않는지 물었다. 나는 모든 사람들이 나와 같은 경험을 하게 되면 이 세상에 증오와 배고픔이 사라지고, 전쟁이 그치며, 모두 더 나은 청지기가 되어 날마다 서로를 잘 섬기게 될 것이라고 생각했다. 그때 천사가 정확하게 무엇이라고 대답했는지 제대로 기억하지는 못하지만, 그가 내게 예수님이 도마에게 하셨던 말씀을 되풀이하며 말했던 기억은 선명하다.

> 너는 나를 본 고로 믿느냐 보지 못하고 믿는 자들은 복되도다
> _ 요한복음 20장 29절

어린아이들이 하나님을 잘 기억한다. 그렇다고 성장한 아이와 어른이 하나님을 전혀 기억하지 못한다는 것은 아니다. 하나님은 우리를 이 세상에 보내시면서 우리 안에 의미 있는 삶과 영성을 추구하려는 깊은 욕구를 심어 주셨다. 그래서 우리는 이 욕구가 충족될 때까지 공허함을 느낄 수밖에 없다. 어떤 이는 이 공허함을 하나님으로 채우고, 어떤 이는 물질적인 소유나 세속적인 욕구로 채운다. 또 어떤 이는 약물이나 술로 감각을 무디게 해서 공허함을 느끼지 않으려고 노력한다. 여기까지가 내

가 믿는 바다.

이제 본격적으로 나의 아들 윌리에 대한 이야기를 시작하려고 한다. 나는 윌리와 항상 친밀했고, 그 아이의 영혼과 영적으로 깊이 연관되어 있다고 느껴 왔다. 윌리가 네댓 살 정도 되었을 때다. 함께 이야기를 나누던 중에 내가 아이에게 "네가 열여덟 살이 되면……"이라고 말하자 윌리는 깜짝 놀라면서 "엄마, 나는 열여덟 살이 되지 않을 거예요"라고 말했다.

내가 "지금 뭐라고 했어?"라고 농담하듯 가볍게 되묻자 윌리는 진지하게 나를 쳐다보며 "엄마도 알잖아요. 나는 열여덟 살까지 살지 못해요. 그게 계획이에요. 엄마도 알고 있잖아요"라고 대답했다. 그 아이는 내가 장난을 치고 있다고 생각하는 것 같았다. 분명 나는 내 아이의 삶에 대한 계획을 알아야 했다. 그날 윌리와 나눈 대화는 내 가슴에 비수를 꽂았고, 그 뒤로도 절대로 잊어버리거나 떨쳐 버릴 수 없었다. 그 뒤 나는 윌리와 함께 보내는 하루하루를 소중히 여겼고, 도대체 아이와 보내는 마지막 날이 언제일지를 생각했다.

카약 사고를 당한 뒤에도 윌리에 대해 천사와 나눈 대화를 떠올리면서 나는 내가 이 세계에 돌아온 이유를 묵상했다. 이미 오래전에 윌리가 자신은 열여덟 살까지 살지 못한다고 확실하게 말한 것을 생각하면, 나는 윌리를 보호하기 위해서가 아니라 그 아이가 우리 곁을 떠난 뒤 남편과 남은 아이들을 돌보기 위해서 이 세상에 돌아온 것 같았다. 하지만 이런 이야기를 하면 다른 식구들에게 부담이 될 것 같아 아무에게도 털어놓지 않았다.

드디어 윌리의 열여덟 번째 생일이 다가오자 나는 곧 닥쳐올 슬픔을 생각하며 몹시 힘들었다. 결국 남편에게 오래전 윌리와 나눈 대화에 대해 말했다. 남편이 내 근심을 나누게 된 것을 기뻐할지는 자신할 수 없었지만, 그에게 모든 것을 털어놓고 나니 마음이 한결 편안해졌다.

윌리의 열여덟 번째 생일이 되기 직전 여름의 어느 토요일 밤이었다. 꿈속에서 잘 모르는 소년이 내게 다가오더니 "윌리와 자리를 바꾸었어요"라고 말했다. 나는 혼란스러운 기분으로 잠에서 깨어났다. 그런데 다음날 꿈속에서 봤던 소년이 마을 사람들에게 사랑을 받던 젊은이였으며, 어제 오후 수영장 가는 길에 자동차 사고로 죽었다는 소식을 듣게 되었다. 나는 무척 놀랐고, 여러 복잡한 감정에 휩싸인 채 죄의식까지 느꼈다. 아들을 잃은 소년의 가족을 생각하니 슬픔이 밀려왔지만, 한편으로는 우리 가족은 괜찮다는 생각에 안도감을 느꼈다.

그로부터 두어 달이 지나 친한 친구 한 명이 사냥 캠프 중에 급사했다는 소식이 들리더니, 나흘 뒤에는 동료 의사인 앨비스가 급사했다. 두 사람 모두 우리와 친한 사이였고, 지난 몇 년 간

잭슨홀에서 중요한 역할을 담당하고 있었다. 우리 가족은 물론이고 마을 사람들 모두 연달아 일어난 비극에 애통해 했고, 우리 병원 진료실은 추모장이 되었다.

요즘 미국에서는 장례식 대신 죽음 뒤 새로운 삶이 펼쳐지는 것을 축하하는 의식을 치르는 경우가 많다. 하지만 진정으로 기뻐하고 축하하는 사람은 고인뿐인 듯하다. 죽은 사람은 하나님께로 돌아가는 기쁨을 경험하지만, 세상에 남은 사람들은 슬픔과 외로움에 싸여 기쁨을 거의 느끼지 못한다. 나는 미신을 믿는 사람이 아니지만 그래도 나쁜 일은 삼세번 일어나는 경우가 많다고 생각한다. 연달아 세 명의 죽음을 애도하게 되자 혹시나 그 일이 오래전 윌리의 예측이 틀렸다는 것을 알리는 사인이 아닐까 하는 생각이 들었다.

윌리의 생일 한 달 전에 윌리와 엘리엇, 벳시는 스웨덴의 스키 캠프에 가게 되었다. 세 아이는 솔트레이크시티로 가서 하룻밤을 보내고, 다음날 아침 일찍 공항으로 갈 예정이었다. 공항에서 짐을 붙인 뒤 엘리엇과 벳시는 공항에 남고, 윌리만 자동차를 호텔에 주차하려고 다시 차에 올랐다. 하지만 호텔에 주차한 뒤 셔틀버스를 타고 공항에 돌아오려면 아무래도 시간이 빠듯할 것 같아 다시 차를 몰고 공항으로 돌아가기로 했다. 윌리는 고속도로를 빠져나와 고속도로 출구 앞에서 신호등이 바뀌기를 기다리던 몇 대의 차 뒤에 섰다. 그런데 그만 브레이크를 밟은 발이 미끄러지면서 차가 몇 미터 앞으로 나갔고, 그 바람에 바로 앞에 정차한 차의 범퍼를 살짝 박았다. 큰 사고는 아니었지만 어쨌든 윌리는 차에서 내려 앞 차로 걸어갔다. 그런데 앞차 운전자는 차를 도로변으로 이동시키지 않았고, 차에서 내리거나 창문을 열지도 않았다. 심지어 윌리의 얼굴을 쳐다보지도 않았다.

윌리는 운전자의 행동에 당황해서 다시 차로 돌아가 차를 도로변에 세워 놓고, 내게 전화를 걸었다. 윌리는 그 운전자가 자신을 보지 못했거나 아니면 누군가 자기 차를 박은 것조차 모르는 모양이라고 추측했다. 나는 다시 앞 차로 가서 창문을 두드려 보라고 했다. 그러나 여전히 아무 반응도 없기는 마찬가지였다. 윌리는 차로 돌아와서 다시 내게 전화를 걸었다. 나는 계속 통화하면서 그 운전자에게 가서 보험 정보를 적은 메모지를 건네주고, 나와 직접 통화하게 해달라고 말했다. 수화기 너머로 윌리가 세 번째로 운전자에게 다가가서 나와 이야기할 수 있는지 물어 보는 소리가 들렸다. 그 뒤 잠시 정적이 흐르더니 귀를 찌르는 고함 소리가 들렸다. 그 운전자가 권총을 꺼내 윌리를 겨냥한 것이었다. 윌리는 두려움에 얼어붙었지만 다행히 전화기도 그의 귀에 붙어 있었다. 나는 아이를 향해 소리쳤다.

"도망가. 네 차로 얼른 뛰어가서 시동을 걸고 운전해. 멈추면 절대 안 돼!"

 그 운전자가 윌리에게 총을 겨누었을 때, 윌리가 나와 통화하는 중이 아니었다면 아이는 총에 맞았을까? 그건 아무도 알 수 없지만 어쨌거나 나만이 당시 윌리에게 직접 지시할 수 있는 유일한 사람이었다. 나는 솔트레이크시티에서의 바로 그날이 바로 아이의 삶의 갈림길이었다고 믿는다. 윌리가 오래전 예측했던 대로 죽음으로 향하거나 아니면 계속 이 세상에서 삶을 이어갈지를 결정하는 갈림길 말이다. 예전에 천사는 윌리가 죽고 나서 내가 가족의 버팀목이 되어야 한다고 말했지만, 나는 윌리에 대한 하나님의 계획이 바뀌었다고 느꼈다. 내가 살았기 때문에 윌리도 산 것이다.

나의 남편, 빌

> 우리가 알거니와 하나님을 사랑하는 자
> 곧 그의 뜻대로 부르심을 입은 자들에게는
> 모든 것이 합력하여 선을 이루느니라
> _ 로마서 8장 28절

남편의 건강을 지키는 것도 내가 이 세상에 돌아온 이유 중 하나였다. 우리 부부의 친한 친구 두 명이 얼마 전 심장마비로 급사했다. 두 사람 모두 쉰셋으로 남편과 동갑이었고, 남편처럼 건강하고 활동적이며 담배나 술도 일절 입에 대지 않았다. 두 사람 모두 독실한 신앙심과 사랑하는 가족이 있었다.

나는 남편이 그들과 똑같은 길을 걷는 것을 바라지 않았기 때문에 심장 검진을 받아보자고 졸랐다. 카약 사고로 내가 세상을 떠났다면 남편은 절대로 검진을 받지 않았을 것이다. 남편은 2007년 12월 칼슘 수치를 측정하는 CT검사를 받았다. 이 검사는 심장 혈관 내의 칼슘 양을 측정하는 검사로, 수술 없이 관상동맥 질환 여부와 그 정도를 알아볼 수 있었다.

다행히 그의 심장은 별다른 이상 증상이 없다는 결과가 나왔다. 그런데 검사 중에 방사선 스캐너의 위치가 중앙에서 약간 벗어나면서 폐 조직에 있던 작은 종양을 발견할 수 있었다. 빌은 항생제 처방을 받았고, 우리는 그 종양이 염증으로 인한 것이길 바라면서 종양이 생길 만한 여러 환경과 경로를 추측해 보기도 했다. 며칠 뒤 다시 CT검사를 했지만 아무 변화도 보이지 않았다. 결국 조직검사 결과, 폐에서 악성종양이 발견되었고, 다행히 흉부 내시경 수술로 종양을 제거할 수 있었다. 남편은 수술하고 하루 만에 퇴원했고, 일주일 뒤에는 조심스럽게 스키를 탈 정도로 회복되었다. 추후의 CT검사에서도 재발 증상이 전혀 보이지 않았고, 이제 완전히 회복되었다. 종양의 크기가 무척 작을 때 발견해서 좋은 결과를 얻게 된 것이다.

우리는 인생을 살아가면서 연속적으로 이어지는 일들을 개별적으로 여기는 데 익숙하다. 그리고 그런 일들을 그저 '우연의 일치' 혹은 '행운'이라고 여긴다. 그러나 이 모든 과정을 돌이켜 보면 그야말로 기적이라고밖에 말할 수 없다. 두 명의 친구를 잃지 않았다면 나는 남편에게 검진을 받아 보라고 조르지 않았을 것이다. 또 내가 칠레의 강에서 죽었다면 남편은 심장 검진을 받지 않았을 것이다. 스캐너가 잘못 놓이지 않았다면 악성종양은 훨씬 더 커진 뒤에야 발견되었을 것이고, 그러면 치료도 힘들었을지 모른다. 더욱이 종양이 2밀리미터만 더 작았다면 스캐너에서 보이지 않았을 것이며, 3밀리미터만 더 컸다면 빌은 통계상 더 위험한 범주에 들어 좋지 않은 결과를 얻었을 것이다. 카약 사고로 내가 하늘에서 돌아오지 않았다면 우리 아이들은 고아가 되었을지도 모르는 것이다. 당시 나는 내가 이 세상에 다시 돌아온 이유가 바로 이렇게 우리 가족을 보호해야 하기 때문이라고 믿었다.

하나님의 사람, 채드

> 너희는 그 은혜에 의하여
> 믿음으로 말미암아 구원을 받았으니
> 이것은 너희에게서 난 것이 아니요 하나님의 선물이라
> _ 에베소서 2장 8절

톰의 아들인 채드는 유쾌한 젊은이로 칠레 여행 전까지는 나와 그다지 친한 사이가 아니었다. 그가 영적으로 신실한 사람이라는 점이 바로 내가 이 세상에 돌아오게 된 또 하나의 이유다. 나는 천사로부터 채드가 하나님의 사람이 되는 데 내가 중요한 역할을 하게 될 거라는 이야기를 들었다. 당시 나는 채드가 이미 하나님의 사람이라고 믿었기 때문에 그 이야기는 오랫동안 나를 혼란스럽게 했다. 그는 기독교 가정에서 태어났고, 기독교인 아내를 얻었으며, 하나님께서 자신과 가족에게 하시는 일에 대해서도 당당하게 이야기했다. 천사의 이야기를 이해하긴 했어도 내가 어떻게 채드가 더 깊은 믿음을

가지는 데 도움이 되는지는 잘 알지 못했다.

이 책을 준비하는 과정에서 나는 톰의 가족 한 사람 한 사람과 이야기를 나누었다. 나는 그들에게 카약 사고 당시의 상황과 그때 어떤 감정을 느꼈는지에 대해 최대한 자세히 말해 달라고 부탁했다. 그때 채드는 그 사고가 자신의 삶에 어떤 영향을 미쳤는지 털어놓았다. 그는 칠레 여행 전, 몇 년 동안 자신이 '나쁜 곳'에 있었다고 말했다. 그는 자신이 원하던 방향에서 벗어났음을 느꼈고, 하나님과 사탄의 오랜 싸움 가운데 괴로웠다고 고백했다. 1999년 겨울 칠레로 출발하기 직전 그는 불건전한 관계로 괴로워하고 있었고, 자신이 어떤 사람이 되어 가고 있는지에 대해 다른 사람은 물론이고 자신에게까지 거짓말을 했다.

내가 카약 사고를 당하고 나서 채드는 사고의 기억을 떨쳐 버리지 못한 채 카약 캠프 시즌이 끝나자마자 아이다호 주로 돌아갔다. 그리고 불건전한 관계는 물론이고 이전의 혼란스러운 상태를 이어갔다. 그러면서도 그는 자신의 믿음에 대해, 특히 하나님의 사람이 되는 방법에 대해 고민했다. 그러다 내 카약 사고와 그날의 기적을 묵상하던 중에 한 인간이 세속적인 삶의 계획을 버리고 믿음으로 살면서 하나님께 통제권을 드리면 위대한 일이 일어난다는 사실을 깨달았다고 한다. 하나님이 함께하지 않으신다면 우리의 선택은 한정적일 수밖에 없다.

그는 내 사고가 자신의 삶에서 중요한 전환점이 되었다고 말했다. 그 전환점을 거치며 그는 믿음 안에서 평안을 찾았고, 하나님과의 관계도 전보다 편안해졌다고 한다. 그리고 하나님과 더 가까워지기 위해 의지적으로 변화된 삶을 살겠다고 결심했다.

이제 채드는 하나님과 화해했다. 그는 자신의 믿음을 공표함으로써 다른 사람에게 소외되는 것을 두려워하지 않은 채, 하나님께 자신의 삶을 맡긴다. 내 카약 사고가 그의 삶에 미친 영향에 대해 그와 이야기를 나누면서 나는 천사의 말을 이해할 수 있었다. 하나님이 나를 채드를 부르시는 도구로 사용하신 것에 감사드린다.

글을 써야 할 의무

> 너희가 오른쪽으로 치우치든지 왼쪽으로 치우치든지
> 네 뒤에서 말소리가 네 귀에 들려 이르기를
> 이것이 바른 길이니 너희는 이리로 가라 할 것이며
> _ 이사야 30장 21절

우리 가족은 분주하고 언제나 활동적이다. 가족 모두가 흥미와 열정을 느끼는 부분도 다양한 편이라 일상생활도 대체로 흥미롭고 만족스러우며 예측하기 힘들 때가 많다. 2009년 초, 나는 하나님이 내게 기대하시는 바를 지키며 살려고 노력했고, 또한 그러한 삶에 만족감을 느꼈다. 남편은 건강하고, 맏아들 윌리는 멋지게 성장하고 있었으며, 나머지 세 아이도 무럭무럭 자랐다.

열여덟 번째 생일이 지난 뒤 윌리는 열심히 그리고 열정적으로 살았다. 와이오밍 주 노르딕스키 대회에서 두 차례 우승하고 『스포츠 일러스트레이티드 Sports Illustrated』지에 기사가 실리기도

했다. 직접 만든 비영리환경단체를 확장해서 '게으름 피우지 않기' 캠페인을 펼치고, 수많은 지역의 사업체에서 후원도 받았다. 윌리는 사람들이 환경을 생각해서 한 번이라도 더 자동차 시동을 끄기 위해 노력한다면 다른 영역에서도 좀 더 환경을 생각하는 선택을 하게 될 것이라고 굳게 믿었다. 아무리 사소한 변화라도 작은 변화가 여럿 모이면 큰 변화를 가져오게 마련이다. 1966년 남아프리카공화국 케이프타운 대학교에서 로버트 케네디가 연설한 대로, 우리 모두는 희망의 작은 물결이다.

"인간의 역사는 수없이 많은 용기와 믿음의 행동을 통해 형성됩니다. 어떤 이상을 지지하거나 다른 사람들의 더 나은 삶을 위해 행동할 때, 혹은 불의에 맞서 싸울 때마다 작은 희망의 물결이 생겨납니다. 그리고 수많은 에너지의 중심에서 퍼져 나간 이 작은 물결들이 모여 서로 부딪힐 때, 억압이라는 강력한 장벽을 무너뜨릴 수 있는 거센 급류가 생성됩니다."

윌리는 정치를 통해 세상의 변화를 이끌어 낼 수 있다고 확신했고, 2008년 겨우 열여덟 살의 나이로 와이오밍 주 대표 중 한 명으로 선출되어 콜로라도 주 덴버 시에서 열린 민주당 전당대회에 참가했다. 윌리는 성실하고 에너지가 넘쳤으며 책임 있는 삶을 추구했다. 또한 모든 사람에게 더 나은 세상을 만들겠다는 비전을 갖고 무한한 아이디어를 만들어 내면서 큰 영향력을 미쳤다. 무엇보다 윌리는 우리가 사는 세계를 변화시키려는 열정을 가지고 있었다. 주변 사람들이 여러 사회 문제에 대해 관심을 기울이고, 더 나은 사람이 되도록 격려하는 일에 앞장섰다. 윌리는 사람들이 각각 어떤 '문제'에 관심을 갖는지 개의치 않았다. 다만 함께 변화해 가기를 바랐다. 나는 윌리의 열정이 자랑스러웠고, 그 아이가 앞으로 어떤 사람이 될지 생각하니 무척 기뻤다.

나는 이성적으로 내 삶에 만족하면서도, 중대한 일 하나를 마쳐야만 진정으로 하나님과 동행하면서 쉴 수 있음을 잘 알고 있었다. 바로 내가 경험한 것을 이야기하고 글로 써서 다른 사람들과 나누는 일이었다. 죽었다가 다시 이 세상으로 돌아오면서 여러 경험을 한 이유는 내가 보고 들은 것을 나눔으로써 많은 이들이 의심을 멈추고 하나님을 분명히 믿을 수 있게 하기 위해서였다. 그러니까 영적인 생명이 육체의 생명보다 중요하며, 하나님이 우리와 함께하시고 우리의 삶과 이 세계 가운데 분명히 개입하신다는 사실을 믿게 하기 위해서였다. 우리 한 사람 한 사람은 모두 창조라는 복잡한 태피스트리의 아름다운 한 부분임을 믿어야 한다. '우연의 일치' 따위는 없음을 깨달아야 한다.

그런데 나는 내가 할 일이 무엇인지 알면서도 하고 싶지 않았다. 카약 사고 이후 나는 항상 기뻐하고, 쉬지 말고 기도하고, 범사에 감사하라는 하나님의 말씀을 잘 따랐다. 사실 내가 이 땅에서 숨 쉬는 동안 행하는 모든 일은 하나님과 함께하는 경험이었다(새로 산 자전거에 '생명의 호흡'이라는 이름까지 지어 주었다). 내가 받은 축복에 대해 항상 감사하고 있었지만, 그것을 글로 쓰고 싶다는 마음은 도무지 생기지 않았다. 내게 주어진 일을 제대로 하지 못하는 것에 대해, 아니 그것을 '특권'이 아닌 '의무'로 여기는 것에 대해, 하나님의 기대에 미치지 못하는 것에 대해 점점 더 죄책감만 늘어 갔다. 그렇게 내 이야기를 글로 써야 한다는 부담감이 점점 커졌지만 나는 그저 미루기만 했다. 결국 글쓰기는 차고 정리하기, 입지 않는 옷 정리하기, 늦지 않게 크리스마스 카드 보내기, 가족에게 더 많이 편지 쓰고 전화하기, 사진첩 정리하기 등의 일 뒤로 미루어졌다.

실은 내가 뒤로 미루는 것에 상당히 능한 편이라 계속 글쓰기를 미루면서도 그럭저럭 살아갈 수 있었다. 그러다가 2009년 봄, 어느 날 아침 내 이야기를 글로 옮겨야 한다는 엄청난 부담감이 나를 사로잡았고, 그 뒤 나는 완전히 몰입해서 글을 썼다. 새벽 4~5시면(누구의 방해도 받지 않고 글을 쓸 수 있는 유일한 시간이었다) 침대에서 벌떡 일어나 글을 썼다. 내 머리에서 글이 흘러나와 그대로 컴퓨터 화면으로 옮겨지는 듯한 참으로 경탄할 일이 벌어졌다. 그렇게 새벽마다 두어 시간 정도 열심히 글을 쓰고 나서 하루 일과를 시작했다. 그리고 글을 쓰기 시작한 지 일주일 만에 이 책의 초고가 완성되었고, 그 뒤 두어 차례 교정을 보았다. 하지만 그 다음에는 기력이 쇠진했는지 또다시 지지부진하게 되었다.

당시 우리 가족 모두 분주한 때여서 나는 두어 달 정도 초고를 다시 손보지 못한 채 그냥 놔두었다. 벳시가 고등학교 3학년을, 그리고 피터는 중학교 2학년을 곧 마칠 예정이었다. 엘리엇은 고등학교 졸업과 대학 진로로 고민 중이었고, 윌리는 잠시 워싱턴 D.C.에서 도시 생활을 즐기고 있었다. 빌과 나는 가족 모두의 일정이 잘 진행되도록 신경 쓰면서 우리 일을 계속했다.

얼마 뒤 윌리는 2009년 5월 29일 예정인 엘리엇의 졸업식에 참석하기 위해 와이오밍으로 돌아왔다. 윌리와 엘리엇은 주말에 잭슨홀을 출발해서 자동차로 전국 횡단을 하다가 메인 주 북부에 있는 겨울 스포츠 클럽에서 6개월간 스키 훈련을 받을 예정이었다. 여행을 떠나기 전날 윌리는 내게 유언장 작성에 대해 물어보았다. 누가, 그리고 왜 유언장을 쓰는지, 그리고 자신도 써야 하는지에 대해 알고 싶어 했다. 또한 내게 자신 앞으로 생명보험을 들어 놓았는지도 물었다. 내가 생각해 본 적도 없다고 대답하자 어떻게 생명보험을 드는지 귀찮을 정도로 자세하게 물었다.

건장한 열아홉 살의 아들과 그런 대화를 하자니 기분이 묘했지만, 좀 더 알아보겠다고 대답하고는 대화를 마쳤다.

아이들 중 누군가가 새로운 일이나 모험을 시작할 때, 나는 흥분하거나 감정에 치우치지 않고 대체로 평온한 편이다. 아이들과 항상 좋은 관계였고, 어디에 있든지 우리가 계속 연락을 주고받을 수 있다는 것을 알고 있었기 때문이다. 하지만 두 아이가 메인 주로 떠나는 날 아침은 뭔가 달랐다. 윌리의 스바루 자동차에는 여행에 필요한 짐이 가득 실렸고, 나는 아이들이 떠날 채비를 하는 모습을 지켜보았다. 그런데 갑자기 알 수 없는 눈물이 흘러내렸다. 그리고 왠지 모르게 윌리를 유치원에 처음 데려간 날이 떠올랐다. 아주 먼 옛날로 느껴지는 바로 그날, 윌리는 내게 뽀뽀를 해주고, 당당하게 내 곁을 떠나 교실 안으로 들어갔다. 그날 나는 윌리가 혼자 자신의 미래로 걸어가는 것을 보고, 나 스스로도 놀랄 정도로 감정이 북받쳐서 집으로 돌아오는 내내 울었다.

나는 아이들에게 정말 사랑한다고, 운전 조심하고, 꼭 전화하라는 둥 여행을 떠나는 아이들에게 엄마가 으레 할 만한 잔소리를 늘어놓았다. 그러다 아이들을 끌어안으며 나도 모르게 울음을 터뜨렸다. 도저히 아이들을 놓아줄 수 없었다. 그리고 여느 때보다 조금 더 오래 윌리를 안아 주었던 것이 기억난다. 나는 아이의 눈을 쳐다보면서 정말 사랑한다고, 참으로 멋지게 자라 주어 고맙다고 말했다. 아빠와 함께 너희들을 무척이나 자랑스러워한다고, 대단한 모험이 될 거라고도 덧붙였다. 마침내 두 아이를 태운 차가 출발했다. 그 뒤 날마다 아이들과 통화를 하면서도 여전히 찜찜하고 불편한 기분을 떨쳐 버릴 수 없었다.

 아마도 나는 이미 보았던 미래를 기다리는 것 같았다.

한 해 중 가장 긴 하루

> 볼지어다 내가 세상 끝날까지
> 너희와 항상 함께 있으리라
> _ 마태복음 28장 20절

 두 아이는 얼마 뒤 메인 주 포트켄트에 도착했다. 여러 운동선수들과 함께 훈련센터에 머물면서 훈련 프로그램에 열심히 참여하고 새로운 환경도 탐색해 나갔다. 훈련센터 인근에는 우리 부부의 친구인 소피와 데릭 부부의 별장이 있었다. 우리 집과 그 집 아이들은 어렸을 때 같은 학교를 다녀서 잘 아는 사이였다. 캐나다 그랜드 캐스커피디어 강둑에 위치한 그 별장에서 우리는 수영, 카누 낚시, 게임 등을 즐기고 모닥불을 피워 놓고 둘러앉아 이야기를 나누며 느긋하게 시간을 보냈다. 여름마다 별장에서 휴가를 보내던 소피와 데릭 가족은 우리 아이들을 즐겁게 초대해 주었다.

어느 날 오후 윌리는 소피와 그녀의 아름다운 골든리트리버 러스티, 그리고 럭키와 함께 카누를 타고 낚시를 했다. 정이 많고 남을 잘 도와주던 소피는 미래에 대한 윌리의 생각을 경청하고 격려해 주었다. 소피는 평상시에 무척 역동적이고 열정적인 윌리가 느긋하게 낚시를 즐기는 모습을 보고 재미있어 했다. 그 아이는 물고기가 잡히는지 신경 쓰지도 지루해 하지도 않고, 아름다운 풍경과 흐르는 강물을 즐기며 소피와 대화를 나누었다. 그러다가 윌리가 소피에게 영혼에 대해 질문을 던졌다. 소피는 우리의 영혼은 하나님과 연결되어 있으며, 영혼이야말로 존재의 본질이라고 믿는다고 대답했다. 또한 우리 영혼은 영원하며, 새로운 것을 배우고 영적인 성장을 이루기 위해 우리가 지상에 내려온 것이라고 말했다.

윌리는 소피의 대답에 흥미를 보이면서 몇 가지 질문을 더 한 뒤에 그녀의 말을 조용히 사색했다. 그러고는 지금까지 훌륭한 삶을 살아온 것에 대해 진심으로 감사한다고 그녀에게 말했다. 그리고 두 사람은 소피의 아들이 기다리는 강둑을 향해 노를 저었다. 소피는 윌리가 영혼에 대한 진지한 대화를 나누다 곧 친구와 장난치며 노는 것을 보고 감탄했다. 윌리는 다음날 아침 평상시 하던 대로 베이컨 다섯 조각, 계란 네 알, 토스트 두 개, 집에서 만든 메이플 시럽을 곁들인 팬케이크를 먹은 뒤 스키 훈련을 받으려고 동생 엘리엇과 포트켄트로 돌아갔다.

2009년 6월 21일 아침, 나는 다시 이 글을 끝내야 한다는 강한 부담감을 느끼고 글을 써서 이른 오후에 드디어 최종본을 완성했다. '저장' 버튼을 누르고 컴퓨터 전원을 끌 때 뭐라 표현하기 힘든 강렬한 기쁨을 맛보았다. 영혼의 자유가 폭발하는 것 같았고, 마음이 가볍고 행복했다. 드디어 임무를 완성했다는 안도감과 나를 여기까지 이끌어 준 하나님께 감사하는 마음이 들었다. 나는 하나님께 복종했고, 내 삶은 더할 나위 없이 완벽해 보였다.

그날 오후 늦게 막내 피터를 태우고 시내로 운전해 갈 때도 여전히 날아갈 듯 가벼운 기분이었다. 그러다 엘리엇에게 장난칠 거리가 생각나서 자동차에서 전화를 걸었다. 그런데 나도 모르게 전화기의 스피커 버튼을 눌렀던 것 같다. 전화기 너머로 낯선 목소리가 흘러나왔고, 피터도 그 목소리를 들었다. 나는 엘리엇에 대해 물었지만, 그는 자기 이름을 말하면서 엘리엇이 지금 통화할 수 없다고 했다. 그의 목소리에 전혀 장난기가 없었는데도 나는 그가 농담을 한다고 생각했다. 그의 이름을 들었지만 누군지 전혀 몰랐기 때문에 그저 같이 훈련받는 선수이겠거니 싶어서 이제 농담은 그만하고 엘리엇을 바꿔 달라고 말했다. 그러자 그는 다시 자기 이름을 말했고(나중에 알고 보니 스키 코치 중 한 명이었다) 윌리가 롤러스키 사고로 죽었다고 전했다.

갑자기 공포감이 엄습하며 머릿속이 뿌옇게 흐려지고, 숨을 쉬기가 힘들어졌다. 간신히 마음을 진정시키며 그에게 실없는 농담은 집어치우고 얼른 엘리엇이나 바꿔 달라고 말했다. 그와 계속 실랑이를 벌이다가 나는 차를 돌려 집으로 돌아왔다. 그가 무슨 말을 하는지 도무지 이해할 수 없었다. 그리고 집에 도착하자마자 집 안으로 뛰어 들어가서 남편에게 외쳤다.

"이 사람이 무슨 말을 하는지 모르겠으니 당신이 전화를 받아 봐요!"

그 시간 이후로 우리의 세계는 영원히 바뀌었다.

사랑하는 내 아들

> 너희는 가만히 있어 내가 하나님 됨을 알지어다
> _ 시편 46편 10절

그날 우리가 살던 곳의 반대편인 동부에 있던 두 아들도 나처럼 기쁘게 하루를 시작했다. 윌리는 아침 내내 동생 엘리엇과 함께 지내다가 오후에 포트페어필드에 사는 친구 힐러리(스키 선수)의 집을 방문했다. 그들은 초여름 중고 장터에서 건진 낡은 자전거를 수리하고, 두 시간 정도 롤러스키를 타다가 힐러리의 가족과 함께 식사할 계획이었다.

롤러스키는 맨땅에서 타는 크로스컨트리 스키라고 할 수 있다. 롤러스키는 짤막한 스키 모양으로 꼭대기에 스키바인딩이 달려 있다. 그리고 스키 양 끝에 폴리에틸렌 바퀴가 달려 있어서 도로에서도 '스키'를 즐길 수 있으며, 스키폴을 사용할 수도 있다. 노르딕스키 선수들은 지구력을 기르고 기술을 향상하기 위해 눈이 없는 곳에서 이 롤러스키를 탄다.

2009년 6월 21일은 일 년 중 낮이 가장 긴 하지로, 뉴잉글랜드가 참 아름다운 때다. 윌리는 스키를 타고 묘지를 지나치며 힐러리에게 자신이 어릴 때 열여덟 살 생일까지 살지 못할 거라고 엄마에게 말했다는 이야기를 했다. 그리고 열여덟 번째 생일날 새벽 네 시에 엄마가 웨스트옐로스톤 호텔 방까지 찾아와 꼭 안아 주면서 그가 아직 살아 있음을 입증해 주었다고도 말했다. 둘은 죽음에 대해 이야기를 나누었다. 윌리는 죽음에 대한 자신의 감정을 구체적으로 말하면서 자신이 죽으면 어떤 일이 이루어지길 원하는지도 말했다. 예컨대 그는 꼭 화장되고 싶다고 밝혔다. 그는 무덤을 만들기 위해 땅을 사용하는 것은 지구에 대한 사랑과, 책임감 있는 이 땅의 청지기가 되고 싶은 자신의 열망을 거스르는 일이라고 말했다.

두 사람은 원래 계획한 코스의 절반쯤에 이르러 아름다운 강이 훤히 보이는 언덕길을 올랐다. 지는 태양의 붉은 빛이 강과 나무, 그리고 저 너머 언덕까지 비추면서 마법처럼 반짝였다. 두 사람은 잠시 멈춰 서서 그 장면을 바라보았다. 윌리는 "만약 우리가 죽는다면 이 장면이야말로 정말 멋진 마지막 광경일 거야!"라고 말하고는 다시 스키를 탔다. 그리고 3분도 채 지나지 않아 즉사했다.

 바로 몇 주 전에 열여덟 번째 생일을 맞은 포트페어필드 출신의 에릭은 그날 저녁 '그냥 드라이브나 할까?' 하는 마음에 차를 끌고 나왔다. 힐러리와 윌리는 자동차 엔진 소리가 점점 가까워지자 도로 오른편으로 비켜서서 계속 스키를 탔다. 노르딕스키 선수라면 비시즌에 훈련하면서 수없이 겪게 되는 상황이었다. 그런데 운전하던 에릭은 마침 걸려 온 전화를 받으며 집중력을 잃었다. 그가 힐러리와 윌리의 모습이 보이기 시작하던 400미터 전방에서부터 주의를 기울였다면 두 사람을 볼 수 있었을지도 모른다. 하지만 그는 아무것도 보지 못했다. 그는 윌리 뒤에서 스키를 타던 힐러리를 바로 몇 센티미터 차이로 스쳐 지나치고 그대로 윌리를 쳤다. 힐러리는 빠른 속도로 달려오는 자동차가 윌리를 치는 장면을 목격하고 공포감에 사로잡혔다. 아름다운 내 아들은 그렇게 즉사했다.

시간의 이면

> 아침에 나로 하여금 주의 인자한 말씀을 듣게 하소서
> 내가 주를 의뢰함이니이다
> 내가 다닐 길을 알게 하소서
> 내가 내 영혼을 주께 드림이니이다
> _ 시편 143편 8절

사건 당일인 2009년 6월 21일 밤 자정, 우리는 개인 비행기로 메인 주로 출발했다. 하나님의 은혜와 마을의 한 자선가 덕분에 우리 부부와 막내 피터, 목사님, 직장까지 포기하고 함께한 친구 데이브와 엘렌이 동승한 비행기는 어두운 밤하늘을 뚫고 메인 주로 향할 수 있었다. 버몬트 주의 친구 집을 방문 중이던 딸 벳시도 친구 가족과 함께 메인 주로 오는 중이었고, 엘리엇은 힐러리의 집에 머물고 있었다. 도저히 믿을 수 없는 그날 밤이 지나고, 우리는 다음날 아침 일찍 공항에서 엘리엇과 재회했다.

윌리는 즉사했기 때문에 병원으로 이송되지 않고 바로 장례식

장에 안치되었다. 우리는 곧장 장례식장으로 가서 윌리의 부서진 몸에서 피를 닦고 눈물과 사랑으로 기름을 부었다. 하나님은 상상할 수 없을 정도로 깊은 슬픔에 잠긴 우리를 부드럽게 안아 주시고 사랑해 주셨다.

우리는 윌리의 사고 현장에 가 보았다. 그리고 현장을 천천히 둘러보면서 큰 충격을 받았다. 무엇보다 윌리가 곁에 없다는 사실이 가장 충격적이었다. 사고가 일어난 물리적 장소 자체에서는 감정적으로 깊은 울림을 느낄 수 없었다. 그곳은 윌리의 영혼이 이 세계를 떠난 장소에 불과했다. 또한 윌리가 우리를 위해 그 장소를 되도록 멋지게 만들려 했다는 느낌을 받았다. 우리가 직접 가 보고 눈으로 확인했던 그곳은 무척이나 아름다운 곳이었다. 사방에 에델바이스가 만개하고. 구불구불한 초록색 언덕 위에서 굽이굽이 흐르는 강물과 계곡이 내려다보이는 그곳에서 윌리는 죽음을 맞이했다.

왜 그런지 확신할 수는 없어도 윌리가 죽은 장소가 누구라도 생의 마지막 장소로 바랄 만한 곳이라는 생각이 들었다. 하나님이 우리 아들을 데려가셨지만 '큰 낫을 손에 쥔 죽음의 사신'은 보이지 않았다. 나는 하나님께서 가장 온화하고 사랑스러운 천사들을 보내 윌리의 영혼을 하늘로 데려가셨다고 믿는다.

포트페어필드에서의 시간은 아주 느리게 흘러갔고, 현실에 대한 감각마저 달라지는 것 같았다. 오로지 신앙, 그리고 목사님과 친구들의 사랑과 위로 덕분에 그나마 비틀거리지 않고 버틸 수 있었다. 만약 그들의 도움이 없고, 우리의 모든 삶이 하나님의 크신 계획의 일부라는 사실을 무조건 인정하지 못했다면 나는 메인 주까지 차마 가지 못했을 것이다. 더욱이 감정적으로 피폐해진 상태로 윌리의 유골을 들고 집으로 돌아오는 여정을 소화할 수 없었을 것이다.

메인 주에 머무는 동안에는 다른 사람들의 전화나 방문을 피할 수 있었다. 하지만 집으로 돌아오면서 앞으로 벌어질 상황을 생각하니 점점 불안해졌다. 우선 누구와도 만나고 싶지 않았다. 그저 격리된 우리만의 공간에서 고통을 견디고 싶었다. 친구들과 이웃들은 사려 깊고 애정이 넘쳤지만 그들과 함께하는 세상 속으로 돌아가는 것이 감정적으로 무척 버겁게 느껴졌다. 그런데 집에 도착해 보니 현관 앞에 화분이 길게 줄 지어 세워져 있었다. 윌리는 꽃을 무척 좋아했지만, 절화는 잠시 보다가 쓰레기통에 버려진다는 이유로 좋아하지 않았다. 그러한 윌리의 뜻을 존중해서 친구들과 이웃들이 절화가 아닌 화분을 가져온 것이다. 그 화분들과 그 안에 담긴 그들의 사랑이 우리 가족을 따뜻하게 감싸 안아 주었다.

이웃들은 다음 주에는 정원에 꽃을 심어서 화원을 만들어 주겠다고 약속했다. 그러면서 나는 어떤 꽃을 심을지 결정하기만 하면 된다고 했다. 7천 평이 조금 넘는 목장 터에 자리 잡은 우리 집은 야생 잔디를 제외하면 나무와 관목, 그리고 집을 설계하고 조경하면서 심은 잔디만 자라고 있었다. 제대로 조경한 것은 아니지만 나는 집 주변을 산책하는 것을 즐겼다. 또한 윌리와 함께 계절마다 다양한 식물이 자라고, 그 색과 모양이 변하는 걸 보면서 즐거워했다.

집으로 돌아오고 며칠 동안은 집 주변을 산책하는 것만이 혼란스럽고 상처받은 내 영혼에 평온함을 가져다 주었다. 산책하면서 나는 내 삶에 대해 이해하려고 노력했고, 아들의 추모식에서 무슨 말을 할지도 생각해 보았다. 또한 집 주변을 자세히 돌아보면서 윌리의 화원을 어디에 만들면 좋을지 물색했다. 그런데 어느 날 아침, 버드나무가 몇 그루 자라는 곳으로 다가가다가 그만 깜짝 놀라고 말았다. 버드나무 사이사이에 생기발랄한 진분홍 에델바이스가 가득 피어 있었다. 꽃의 색이나 생김새가 윌리가 죽은 현장에 피어 있던 것과 정확히 일치했다. 그런 꽃은 윌리의 사고 현장에서 처음 봤을 뿐, 집 근처에서는 전혀 본 적이 없었다.

윌리는 내 새아버지가 돌아가신 직후 피어난 돌배나무 꽃 이야기를 알고 있었다. 돌배나무 꽃이 어머니와 내게 얼마나 중요한 의미인지도 잘 알았고, 내 욕실 앞에 걸린 돌배나무 그림을 여러 번 바라보기도 했다. 나는 윌리가 진분홍 에델바이스 꽃으로 우리에게 감사와 사랑, 그리고 먼저 떠난 것에 대한 사과의 메시지를 보낸다고 생각했다. 그것은 이제 우리가 뭐라 질문할 수조차 없는 그 아이와의 유일한 소통 방식이었다.

새아버지의 돌배나무는 5년 동안 아름답게 꽃을 피우다가 갑자기 번개를 맞고 말라 죽었다. 어머니는 그것을 '이제 앞으로 나아갈 시간이 되었다'라는 의미로 받아들이셨다. 지금 우리 정원에 아름답게 피어 있는 에델바이스 역시 어느 날 갑자기 사라지게 될지 모른다. 그날이 언제일지 궁금하다.

연민의 선물

> 당신의 눈을 보면 당신 안에 하나님이 계시다는 걸 알아요.
> 인간의 연민하는 마음과 사랑할 수 있는 능력은
> 그저 우연의 결과로 생긴 것이 아니니까요.
> _ 찰스 W. 거츠 3세

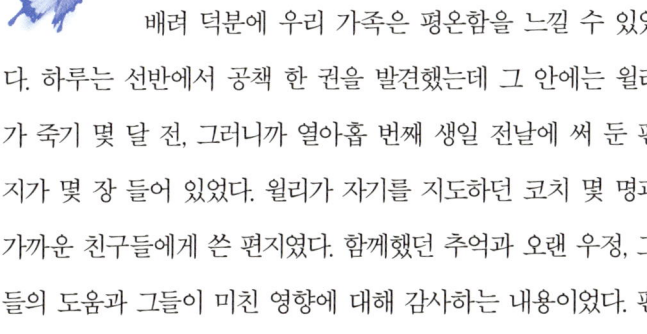 윌리가 죽고 처음 몇 주간은 많은 이들의 사랑과 배려 덕분에 우리 가족은 평온함을 느낄 수 있었다. 하루는 선반에서 공책 한 권을 발견했는데 그 안에는 윌리가 죽기 몇 달 전, 그러니까 열아홉 번째 생일 전날에 써 둔 편지가 몇 장 들어 있었다. 윌리가 자기를 지도하던 코치 몇 명과 가까운 친구들에게 쓴 편지였다. 함께했던 추억과 오랜 우정, 그들의 도움과 그들이 미친 영향에 대해 감사하는 내용이었다. 편지에서는 아이의 진실한 마음이 느껴졌다. 마치 이미 작별할 것을 알고 쓴 편지 같았고, 편지 내용 역시 열여덟 살짜리가 쓸 만한 내용은 아니었다. 편지 중에는 버락 오바마 대통령과 좋아하

던 음악가 윌아이엠에게 보낸 편지도 있었다. 또한 워싱턴 D.C.에서 링컨 기념비에 앉아 느꼈던 평온함과 깊은 영감을 담아 적은 링컨 대통령에게 보내는 편지도 있었다. 윌리는 자신 역시 세상에 변화를 가져올 수 있으며, 제2의 에이브러햄 링컨을 꿈꾸고 있다고 적었다. 그는 '언제나 이 세상을 더 나은 곳'으로 만들고 싶어 했다.

윌리는 자신에게도 편지를 썼다. 그는 모험의 연속이었던 자신의 삶에 대해 이야기했다. 자신의 삶이 단순하지 않은 이유는 "너무나 짧은 시간에 볼 것도, 해야 할 일도 많았기 때문"이라고 적었다. 또한 가족과 친구들, 하나님, 신앙을 얼마나 감사하게 생각하는지도 적었다. 그 편지는 윌리가 나에게 주는 선물 같았다. 편지를 다 읽고 나자 윌리가 하나님과의 관계를 잘 형성했으며, 그 중요성을 이해하고, 죽기 전에 하나님과 함께했다는 확신이 들었다.

윌리는 주변 사람들이 자기 자신을 특별한 사람이라고 생각하게 만드는 방법을 알았다. 또한 그들로 하여금 윌리와 특별한 관계를 맺고 있다는 것을 진심으로 느끼게 해주었다. 윌리가 죽은 뒤 많은 사람들이 애도하면서 그 아이가 이끌어 준 삶에 대해 고마움을 표했다. 그들은 윌리가 자신의 삶을 어떻게 변화시켰는지를 말했다. 존 케리 상원의원은 전화를 걸어 애도를 표하며 자신의 직원들에게 윌리가 큰 영향력을 끼쳤고, 그로 인해 그들이 변화되었다고 말했다. 그는 윌리의 추도식 때 영상을 통해 조문을 전해 주었다.

싱어송라이터 캐롤 킹 역시 윌리의 열정에 영감을 받아 만든 「사랑의 이름으로」라는 노래를 보내 주었다. 우리는 윌리의 추도식 때 이 노래를 틀었다. 아름다운 선율과 마음을 울리는 가사가 담긴 그의 노래는 추모식에 모인 많은 이들에게 큰 위안을 주었다.

당신이 믿는 일을 해요
사랑의 이름으로
당신이 혼자가 아니라는 걸 잊지 말아요
우리 모두는 의심하고 두려워하죠

계절이 바뀌어도 잊지 말아요
당신이 사랑의 이름이라는 걸
당신은 계속 편안할 거예요
앞으로도 언제까지나

변화가 분명하다는 건

우리 모두 알아요

매일 커튼을 열 때마다

새로운 쇼가 펼쳐지죠

당신이 슬퍼하고 힘들어할 때

사랑의 이름을 잊지 말아요

그 이름은 영원해요

끝없이 영원해요

태어나고 살고 죽는 것은

우리 모두의 일이죠

영원한 빛이

사랑의 이름으로 영원히

사는 것을 보기 위해

우리 가족과 함께 우리의 친구들과 이웃들은 윌리의 죽음을 애도하며 슬퍼했다. 또한 스키 관계자들도 큰 충격을 받았다. 전국에서 모여든 수백 명이 윌리의 추도식에 참석했고, 우리와 함께 또 우리를 위해 기도해 주고, 조금이라도 우리의 고통을 덜어 주기 위해 일을 도맡아 해주었다. 추도식을 마치고 우리는 날마다 목사님과 만나 이야기하고, 친한 친구들과도 시간을 함께 보냈다. 나는 냉장고에 '매일의 신앙고백'을 붙여 놓고 날마다 그 고백을 되새기며 슬픔을 이겨 내려고 애썼다.

매일의 신앙고백

- 나는 하나님의 약속이 진실임을 믿습니다.
- 나는 천국이 실재함을 믿습니다.
- 나는 그 무엇도 나를 하나님의 사랑에서 떼어 놓지 못함을 믿습니다.
- 나는 하나님이 나에게 맡기신 일이 있음을 믿습니다.
- 나는 하나님이 나를 지켜 주시고, 내가 걷지 못할 때 안아 주심을 믿습니다.

그 뒤로도 하나님은 한 걸음 한 걸음 윌리를 잃은 슬픔에서 벗어나려고 애쓰는 우리 가족을 보살펴 주셨다. 하나님의 계획을 신뢰하지 않는다면 어느 누가 이 힘든 여정을 견뎌 낼 수 있겠는가?

내가 사망의 음침한 골짜기로 다닐지라도 해를 두려워하지 않을

> 것은 주께서 나와 함께하심이라 주의 지팡이와 막대기가 나를 안
> 위하시나이다
> _ 시편 23편 4절

어릴 적 시편의 이 말씀이 죽음과 하나님께로 돌아가는 여정에 대한 이야기라고 배웠지만, 지금은 이 말씀이 남겨진 사람들을 위한 이야기라고 확신한다. 사랑하는 이의 죽음으로 슬퍼하는 사람들은 죽음의 그림자가 드리워진 계곡을 지나며 슬픔과 혼란, 분노와 절망 때문에 마음 문이 벌어지고, 그 틈새로 소리 없이 악이 침범할 수 있다.

나는 할머니와 할아버지, 부모님, 친구들의 죽음을 이미 경험했고, 그 과정에서 애도가 언제나 외로운 혼자만의 과정인 것을 깨달았다. 사랑하는 이의 죽음은 그를 애도하는 각 사람에게 각기 다른 의미를 가지기 때문이다. 이런 상황에서 사람들은 배우자나 다른 가족들이 자신의 버팀목이 되어 주길 바란다. 그러나 자녀나 형제가 죽었을 때는 평소라면 나를 지탱해 주던 가족들 역시 슬픔에 잠겨 있기 때문에 슬픔으로 인한 고독감이 더욱 커지게 마련이다.

하나님의 타이밍은 언제나 완벽했다. 그래서 2009년 봄이 되서야 비로소 내 이야기를 글로 옮겨야겠다는 동기가 생긴 것이

었다. 내 이야기를 글로 옮긴다는 것은 감정적으로 상당히 강렬한 경험이었다. 죽었다가 다시 살아온 처음 몇 년간은 일부러 그 일에 대해 오래 생각하지 않으려고 노력했다. 나는 내 삶과 가족을 사랑했고, 지구 상에서 아직 내 일이 끝나지 않았다는 것을 알고 있었다. 그럼에도 불구하고 장엄하고 매혹적인 하나님의 세계를 생생하게 기억하려고 하면 그곳으로 돌아가고 싶은 깊은 욕구에 사로잡혔다. 그래서 그때의 일에 대해 지나치게 생생하게 혹은 지나치게 오랫동안 생각하지 않도록 마음을 다잡았다. 그 욕망은 마치 약물 중독자가 이전의 약물 남용 중에 느꼈던 절정의 순간을 기억해 내는 것과 비슷할 정도로 강렬했다. 어쨌든 사실과 사건만 기억하는 것이 아니라 그때의 감정을 다시 떠올리는 데 지나치게 시간을 많이 보내는 것은 심적으로 피곤하고 위험한 일이다.

나는 이 책을 쓰면서 내가 겪은 사고와 그 뒤 경험했던 영적인 체험을 완전히 받아들이게 되었다. 구체적으로 그 사건과 경험들을 되돌아보면서 당시의 감정과 영적인 실체에 다시 빠져들었다. 그리고 그 과정을 통해 하나님께서 지속적이고 적극적으로 내 삶 가운데 존재하시고 개입하시는 분임을 깨달았다. 하나님의 절대적인 은혜, 순수한 사랑, 미래에 대한 약속을 기억해 내고 그것을 다시 한 번 인정하자 마음이 새롭게 충만해졌다. 세상의 모든 일이 하나님의 크고 아름다운 그림의 한 부분임을 다시금 깨닫게 되었다.

이런 감정과 기억을 되새기며 나는 육체적으로, 감정적으로, 그리고 영적으로 강인해졌다. 그래서 윌리가 죽고 난 뒤, 우리 가족과 내가 속한 공동체에서 버팀목의 역할을 감당할 수 있었다. 이 책을 몇 년 더 일찍 썼더라면 천사가 나에게 해준 말이나, 내가 이 세상에 다시 돌아와야 할 여러 이유에 대해서 분명하게 기억하지 못했을 것이다.

윌리가 죽고 처음 1년 동안, 우리 부부는 두려움에 사로잡혀 있었다. 그것은 뿌연 안개 같은 마음에서 다시는 벗어나지 못하리라는 두려움, 다시는 즐거움을 느끼지 못하리라는 두려움, 남은 아이들을 제대로 돌보지 못하리라는 두려움, 결국 모든 것을 잊게 되리라는 두려움이었다. 사실 우리가 느끼는 두려움과 불안은 대부분 우리가 그토록 사랑하던 아들 윌리와 함께하지 못하는 미지의 미래에 대한 두려움에 불과했다. 이런 말을 들은 적이 있다.

"자신이 갖고 있는 모든 것으로 사랑할 때, 자신의 존재와 함께 슬퍼하게 된다."

나는 이 말에 확실히 동의한다.

나는 우리가 요청만 하면 하나님이 감정적으로 몹시 연약해진 우리를 이끌어 주시고, 우리의 영혼을 보호해 주시리라는 것을 믿었다. 하지만 남편은 슬픔과 두려움, 절망을 없애는 것을 무척이나 힘들어 했다.

완벽한 타이밍

> 우리의 최악에도 좋은 면이 있고
> 우리의 최선에도 나쁜 면이 있다.
> 이 사실을 깨달을 때, 우리는 적을 덜 증오하게 된다.
> _ 마틴 루터 킹

나는 스키를 정말 즐겼기 때문에 윌리가 죽고 8개월이 지난 어느 날 엘리엇과 함께 산악스키를 탔다. 산악스키를 타려면 밑바닥에 합성동물가죽을 댄 스키를 타고 눈 덮인 산길을 올라가야 한다. 그리고 산 정상에 도착하면 가죽을 제거하고 산 아래까지 스키를 타고 내려오면 된다. 산 정상까지 오르기가 고되긴 하지만 부드럽고 깨끗한 눈길을 내려오다 보면 모든 것을 잊게 된다. 그날 오후 늦게 엘리엇이 내 모습을 영상에 담는 것을 보고 내 기술을 자랑해야겠다고 마음먹었다. 나는 아이들을 재미있게 해주는 것을 워낙 좋아했기 때문에 도랑 사이로 점프를 시도해 보기로 했다. 비록 내가 점프를 잘

하는 것은 아니었지만 아이들이 그런 내 모습을 보고 재미있어 하며 웃었기 때문이었다. 하지만 그날 나는 점프에 실패했고, 스키가 비틀어지면서 발목이 부러지고 말았다. 어쨌거나 엘리엇은 이 모든 과정을 비디오로 녹화했다.

이 시점에서 내가 선택할 수 있는 것은 상당히 제한적이었다. 혼자서는 스키를 탈 수 없었고, 그렇다고 엘리엇이 나를 안고 내려올 수도 없었다. 스키를 이용해서 썰매를 만들어 볼까도 생각해 보았지만 경사진 길을 많이 올라가야 했기 때문에 그다지 효과적인 방법이 아니었다. 더군다나 나는 벌써 오한이 나기 시작한 상태였다. 엘리엇이 혼자 스키를 타고 나가서 구조대를 데리고 돌아오려면 족히 몇 시간은 걸려야 했기에 결국 나는(내 발목에 안정감을 더하기 위해) 스키부츠를 단단히 동여매고, 천천히 그리고 고통스럽게 스키를 타고 내려가기로 했다. 부러지지 않은 다리와 스키폴에 의지해서 경사진 길을 가로질러 올라갔고, 통증이 심한 한 쪽 다리는 질질 끌며 갔다. 우리 차까지 돌아가는 데만 두 시간 정도 걸렸는데 평생 할 욕을 이때 다 한 것 같다.

얼마 전 스티븐스와 앳킨스, 그리고 킹스턴의 공동 연구 결과 『뉴로리포트』, 20009를 읽은 적이 있다. 그들은 오래전부터 고통유발제로 알려진 얼음물에서 사람이 얼마나 오래 버틸 수 있는지를 실험했다. 그들은 지원자들에게 한쪽 팔을 얼음물에 담그라고 한 뒤, 탁자를 묘사하는 평범한 단어나 고통을 표현하는 욕을 하게 했다. 그 결과 욕을 할 때, 고통을 더 잘 참아 낸다는 사실을 밝혀냈다. 나는 우리 차가 세워진 곳까지 먼 길을 가는 동안 이 실험을 직접 실행해 보았다. '눈'이나 '나무' 등의 단어를 말하고, 갖가지 욕을 큰 소리로 외쳐 보았다. 그 뒤 위의 연구 결과가 나에게도 동일하게 적용되는 것을 확인할 수 있었다.

그날 저녁 발목 수술을 하고, 병원에서 하룻밤을 보냈다. 마침 르완다의 우발도 사제가 잭슨홀에 와서 내 친구 캐시를 방문하던 중이었는데, 캐시가 나를 위해 기도해 주려고 사제와 함께 병원에 찾아왔다. 우발도 사제를 이해하려면 우선 르완다의 역사적 배경에 대해 알아볼 필요가 있다.

1994년 여러 복합적인 이유로 르완다 대학살이 일어났다. 르완다의 후투족과 투치족은 아주 오랫동안 서로 반목하는 상태였다. 후투족인 하뱌리마나 대통령이 암살당하고 나서 두 종족 사이의 갈등은 더욱 극심해졌고, 그 뒤 100일 동안 80만 명 이상이 조직적으로 잔혹하게 살해되었다. 투치족이었던 우발도 사제의 아버지도 1962년 르완다 정부가 전복될 때 살해되었으며, 우발도 사제 본인도 1980년대에 동료 신학원생으로부터 살해 위협을 당했다. 결국 우발도 사제는 자신의 주교관으로 피신했다가 자신의 교구민들을 해치지 않겠다는 후투족의 약속을 받고 콩고로 떠나게 되었다. 하지만 그가 떠나자마자 후투족은 약속을 어기고 그의 교구에 속한 투치족 4만5천 명을 학살했다. 그리고 대학살이 진행된 처음 2주 동안 우발도 사제의 어머니를 포함해서 그의 가족 80명 이상이 살해되었다.

우발도 사제는 피신 직전 주교에게 사람들을 치유하기 위해 다시 르완다로 돌아오겠다고 약속했다. 그 뒤 르완다애국전선RPF이 권력을 되찾으면서 학살은 마침내 끝이 났다. 그러나 살아남은 사람들은 나라 전체를 휩쓸었던 처참한 학살로 인해 제정신이 아니었다. 어느 종족을 막론하고 살아남은 사람들 모두 깊은 죄의식에 사로잡혔다. 그들은 살인에 대한 죄의식, 살아남은 것에 대한 죄의식, 갈등을 막거나 줄이기 위해 제대로 노력하지 못한 데 대한 죄의식에서 헤어 나오지 못했다. 복수하겠다고 나선 이들도 많았지만 '용서보다 완전한 복수는 없는 법'이다.

우발도 사제는 몇 달 동안 눈물 흘리며 기도를 드리다가 프랑스 루르드로 향했다. 그는 그곳의 십자가 길에서 명상하던 중에 슬픔을 내려놓고 "십자가를 들라"는 하나님의 말씀을 들었다. 하나님은 그분만이 하실 수 있는 용서로 그의 마음을 채워 주셨다. 그 결과 우발도 사제는 자신의 친어머니를 죽이라는 지령을 내렸던 시장을 용서할 수 있었다. 그리고 그의 자녀들을 자기 자녀처럼 돌보고 학비까지 대주었다.

우발도 사제는 하나님의 순전한 은총을 드러내고, 용서와 화해에 대해 설교한다. 또한 사람을 치유하고 새롭게 하는 자신만의 은사로 치유의 미사를 드린다. 그는 르완다와 유럽, 미국에서 치유의 미사를 드렸고, 르완다에 '평화의 비밀'이라는 센터를 만들어서 전쟁과 빈곤으로 상처받고 고통을 겪어온 르완다 사람들뿐 아니라 인근 콩고와 부룬디 사람들까지 돌보고 있다. 그는 르완다 사람들과 전 세계 사람들의 용서와 화해, 평화를 이루기 위해 쉬지 않고 일하고 있다.

내 친구 캐시는 우발도 사제의 치유 능력을 알고 있었기 때문에 그를 내 병실로 모시고 와서 내 발목을 위해 기도해 달라고 부탁한 참이었다. 그런데 그들이 찾아왔을 때, 마침 마취제와 진통제로 고생하던 터라 그들은 곧 돌아갔다. 하지만 다음날 우발도 사제가 내게 회복한 뒤에 꼭 자신을 찾아오라고 당부하는 바람에 며칠 뒤 남편과 함께 그를 찾아가서 가볍게 대화를 나누었다. 그 뒤 우발도 사제는 남편과 집중적으로 이야기를 나누더니 한 시간 넘게 같이 기도를 드렸다. 두 사람이 기도드리는 아름다운 광경을 지켜보자니 눈물이 나올 것 같았다. 남편이 영적으로 그토록 집중하는 모습은 처음이었다. 몇 년 동안 간구했던 기도가 응답되는 순간이었다.

그 다음 주에 우리는 우발도 사제를 집으로 초대해서 함께 저녁을 먹으며 이야기를 나누었다. 우리의 주제는 어느새 '상실'로 넘어갔다. 우발도 사제의 극심한 상실에 대해 알고 있던 터라 우리는 그의 이야기에 집중했고, 특히 그와 그의 조국이 겪은 상실과 슬픔, 용서에 대한 이야기에 완전히 몰입했다. 그는 상실 뒤에는 그와 연관된 복합적인 감정으로 분노와 죄의식, 수치심이 따라오고, 그 과정을 통과해야 비로소 진정한 치유와 인정, 화해를 이룰 수 있다고 믿었다. 또한 용서가 반드시 상호적일 필요는 없다고 말했다. 용서는 한 사람의 내면에서 나오는 것이지, 그것이 상대방의 인정과 수용을 요구하는 것은 아니라고 했다.

용서의 여러 측면에 대한 이야기를 나누면서 우리 부부는 윌리의 죽음이 하나님의 크신 계획에 속한다고 믿고 슬퍼하는 동시에 우리가 분노했다는 사실을 인정하게 되었다. 가해자인 에릭이 부주의하게 운전하다가 아름다운 우리 아들을 죽인 데 화가 났고, 그가 우리들에게 후회한다거나 슬퍼하고 있다는 말을 전혀 하지 않은 것에 대해서도 분노했다. 또한 그가 여전히 무의미하게 지낸다는 이야기를 듣고서 화가 났다. 다시 말해서 에릭은 어떻게 살아야 하는지 목표가 전혀 없었고, 이 세계 아니 심지어 자신의 삶조차 개선할 열정이 전혀 없었다. 그가 내 아들의 목숨을 훔쳐 가 놓고서, 완전한 삶을 살 수 있는 자신의 기회조차 내버리는 것 같아 화가 났다. 그러나 우발도 사제와의 대화를 통해 이제 그를 용서하고, 그의 미래를 위해 기도해야겠다는 생각이 들었다.

또한 나는 나 자신에게도 화가 났고, 수치심과 죄의식까지 느꼈다. 윌리의 사고가 일어나기 바로 일주일 전에 딸과 함께 버몬트 주의 여러 학교를 방문했었다. 충분히 시간을 내서 메인 주에서 훈련 중인 두 아들을 만날 수도 있었는데 그러지 못했다는 사실이 윌리의 죽음에 대해서 내가 후회하는 몇 가지 중 하나였다. 그 사실은 한동안 나를 괴롭혔다. 그러나 이제 나 자신도 용서해야 했다.

한편 내가 하나님이 주신 임무를 다하지 못했다는 생각에 괴롭기도 했다. 나는 우리 가족을 지탱하고, 무엇보다 남편이 우리 아들의 죽음을 받아들이도록 도와주기 위해 다시 이 세계로 돌아왔다. 나는 최선을 다했지만 2010년 2월 무렵, 가족 중 누구도 하나님과 더 가까워졌다는 생각이 들지 않았다. 남편은 여전히 절망감에 사로잡혀 있었으며 내가 남편이나 아이들, 심지어 나 자신에게조차 도움이 되지 못한다고 생각하니 허탈한 패배감만 느껴졌다.

나는 우발도 사제의 이야기를 들으면서 그의 사랑과 기쁨에 넘치는 태도에 주목했다. 그러다가 내 패배감은 나 스스로 불러들인 자기중심적인 결과라는 생각이 들었다. 나는 하나님께 도움을 바라는 대신 나 혼자 할 수 있다고, 또 그래야 한다고 믿고 있었다. 그러다가 의심과 두려움, 죄의식이 내 마음에 스며들어 나를 사로잡고 말았다. 나는 여전히 죽음의 골짜기에 머물렀고, 내 마음 문은 무방비 상태로 열려 있었다.

그러나 우발도 사제와 대화를 나눈 뒤 나는 하나님께 도움을 요청했고, 즉각 그분의 용서 가운데 자유로움을 느꼈다. 그리고 그때 비로소 하나님이 내 삶을 통제하신다는 사실을 온전히 깨닫게 되었다. 나는 하나님께 우리 가족이 슬픔을 딛고 나아가게 해달라고, 남편 빌이 미래에 대해 희망을 갖게 해달라고 기도드렸다. 다시 한 번 하나님은 내 기도에 응답하셨다. 비록 내가 상상한 방식은 아니었지만 말이다.

우발도 사제는 상실과 용서에 대한 이야기를 나누던 중에 남편의 절망감과 내 패배감을 알아챘다. 그는 슬픔에는 사랑이 동반되지만, 절망에는 종종 비통함과 영혼 파괴가 동반된다고 말했다. 그는 자리에서 일어나 빈 그릇에 물을 채우고, 그 물을 축복한 뒤에 눈에 보이는 모든 것에 뿌리기 시작했다. 방 구석구석과 옷장, 물건 등 그야말로 집 안의 모든 것에 성수를 한 움큼씩 뿌리면서 절망의 악에게 우리 집과 가족에게서 떠나가라고 명령했다.

나는 가톨릭 신자가 아니었기 때문에 성수에 대해서는 잘 모르지만 우발도 사제가 방문한 뒤 우리 가족의 삶이 변화했다는 점은 확실히 알고 있다. 상실의 슬픔은 여전했지만 우리 가족의 삶을 천천히 무너뜨리던 두려움과 패배감은 그날 이후 완전히 사라졌다.

  이 모든 일들이 단지 '우연의 일치'였을까? 우발도 사제가 우리 동네를 방문하던 시기에 내 발목이 부러진 것과 통증이 극심해서 그와 제대로 이야기를 나누지 못했기 때문에 결국 그가 우리 집을 방문해서 우리 가족에게 치유를 전해 준 것이 과연 '우연의 일치'에 불과할까? 그럴 수도 있겠지만, 나는 이 모든 과정이 하나님의 완벽한 주관하심을 보여 주는 좋은 예라고 생각한다.

나의 신앙고백

> 그런즉 믿음, 소망, 사랑,
> 이 세 가지는 항상 있을 것인데
> 그중의 제일은 사랑이라
> _ 고린도전서 13장 13절

이제 와서 인생을 돌이켜 보니 지금까지 내가 경험했던 모든 것은 결국 그 다음 것을 경험하기 위한 준비 과정이었음을 깨닫게 된다. 내 삶에는 하나님의 뜻이 순서대로 분명히 이어졌고, 그 덕분에 나는 내 인생 최대의 고난이었던 아들의 죽음을 견뎌 낼 수 있었다. 아들이 죽고 난 뒤 나는 (냉장고에 붙여 둔) '매일의 신앙고백'에 매달렸다. 그 고백은 내가 직접 경험한 일들을 바탕으로 내가 확신하게 된 진리와 논리적인 결론을 반영하기 때문이다.

나는 하나님의 약속이 진실임을 믿습니다.

_ 하나님은 우리를 떠나지도 버리지도 않으신다고 약속하신다. 하나님은 우리가 문을 두드릴 때 열어 주시고, 우리가 아무리 멀리 떠났다가 돌아오더라도 언제나 사랑으로 환영해 주시겠다고 약속하신다. 하나님은 내 삶에서 이 약속을 증명해 주셨다. 나에게 새아버지를 보내 주셨고, 내가 탔던 자동차가 사고로 언덕을 구를 때 함께하셨으며, 플로리다 수중 동굴에서 스쿠버다이빙 강사와 함께 빠져나올 길을 보여 주셨고, 칠레의 강에 빠졌을 때도 함께하셨다. 불만투성이 사춘기 소녀일 때나 하나님을 내 삶의 뒷전에 두었을 때에도 변함없이 나를 사랑하셨다. 하나님이 윌리를 위해 그리고 우리를 위해 이 모든 것을 계획하셨다고 확신한다.

나는 천국이 실재함을 믿습니다.

_ 내 환자였던 제니퍼는 천사들을 보았다. 척추 수술 후에 사망한 또 다른 환자 역시 천사들을 보았고, 그는 그의 아내에게 자신이 본 천사와 천국에 대해 말해 주었다. 카약 사고 이후 나도 천국을 직접 경험했다. 너무나 순수하고 사랑이 가득하고 장엄한 천국을 경험한 뒤 나는 다시 이 세계로 돌아오고 싶지 않았다. 생사를 오가는 와중에 나는 내가 죽더라도 남편과 아이들은 '괜찮을 것'이라고 확신했다. 내 아들 윌리는 가족을 뒤로하고 떠날 때 틀림없이 남은 가족들이 힘들어 하리라는 것을 알고 주저하고 미안해 했을 것

이다. 그렇지만 윌리가 기쁘게 하나님께 돌아갔으리라고 확신한다.

나는 그 무엇도 나를 하나님의 사랑에서 떼어 놓지 못함을 믿습니다.

＿나는 언제나 하나님의 사랑을 받았다. 스스로 삶을 통제하지 못하고 방황할 때도, 멕시코의 산 한가운데에서 진흙에 트럭이 빠졌을 때도, 또 내 생활이나 직장이 불안할 때도 하나님은 나를 사랑해 주셨다. 폭포에 빠져 죽어 가고 있을 때도 하나님은 나를 안아 주시고, 고통과 근심에서 지켜 주셨다. 하나님의 임재와 사랑, 연민을 직접 경험했기 때문에 나는 아들 윌리가 생의 마지막에서 아무런 고통을 겪지 않았을 것이라고 확신한다. 윌리의 영혼은 육체가 부서지기 전에 떠났을 것이며, 그 아이를 무척이나 기뻐하는 많은 증인들의 환영을 받았을 것이다.

나는 하나님이 나에게 맡기신 일이 있음을 믿습니다.

＿카약 사고로 병원에 입원해 있는 중에 천사와 이야기를 나눈 적이 있다. 천사는 우리 모두가 이 세계에서 해야 할 일에 대해, 그리고 내가 해야 할 일에 대해 구체적으로 이야기했다. 분명 윌리는 이 세계에서 해야 할 일을 마쳤다. 그 아이는 열정을 다해 살고, 깊이 사랑하고, 성공을 이루었으며, 또한 더 나은 사람이 될 수 있도록 다른 이들에게 영감을 주었다. 그 아이는 19년 동안 많은 것을

이루었고, 모두에게 더 나은 세상을 만들기 위해 최선을 다했다. 그 아이는 해야 할 일을 모두 마쳤다.

나는 하나님이 나를 지켜 주시고, 내가 걷지 못할 때 안아 주심을 믿습니다.
_한 인간의 삶에는 희로애락과 같은 인생의 주기가 여러 번 반복되면서 누구나 아픔과 걱정, 실망, 슬픔 등의 어려움을 경험한다. 슬픔을 경험하지 않고서는 진정한 기쁨을 경험할 수 없다. 나는 윌리가 죽기 전에도 크고 작은 여러 슬픔을 견뎠다. 그때마다 하나님은 나와 함께하시고 내가 혼자 걸을 수 있을 때까지 나를 안고 가 주셨다. 하나님은 미래의 희망이라는 작은 씨앗을 우리에게 심으시고, 또 키워 주셨다. 그 덕분에 나는 미래에 대해 의심하고 좌절하면서도 하나님이 언제나 나와 함께 걸으시며, 기쁨의 미래로 이끌어 주신다고 확신할 수 있었다. 기쁜 일이나 슬픈 일 모두 내 삶 가운데 하나님의 역할을 분명히 깨닫게 하고, 하나님의 확실한 사랑을 더 깊이 신뢰하게 하는 도구가 되었다.

앞으로 내 미래가 어떻게 될지 나는 잘 모른다. 하지만 하나님의 약속을 의심하지 않으며, 윌리와 함께 살 수 있었던 특권에 감사할 뿐이다. 윌리는 훌륭한 스승이자 모범적인 인간, 좋은 아들, 그리고 다정한 친구였다. 윌리는 우리 안에서부터 변화가 시작된다고 믿었고, "우리는 이 세상에서 우리가 보고 싶어 하는 변화를 스스로 이루어 내야 한다"는 마하트마 간디의 말을 열정적으로 따랐다. 윌리는 지구 상에서 몹시 바쁘게 살면서 많은 것을 이루었고, 다른 이들에게도 그렇게 하라고 격려하며 더 나은 삶의 방식을 보여 주기 위해 노력했다. 그리고 자신이 바라던 변화를 분명 스스로 이루어 냈다.

윌리는 자신의 정체성에 대해 잘 알고 있었고, 하나님이 주신 꿈을 향해 손을 뻗었다. 그 아이는 언제나 친절하고 남을 먼저 생각했다. 또한 우리가 모두 매일 저녁 거울을 보면서 다른 사람을 돕거나 이 세상을 더 나은 곳으로 만들기 위해 오늘 하루 무엇을 했는지 스스로에게 물어보기를 바랐다.

윌리를 잃으면서 내가 경험했던 엄청난 상실감은 그 누구도 '극복한다'거나 '버텨 낸다'라고 말할 수 없는 수준의 것이었다. 무언가를 상실하고 그것에 대해 슬퍼하는 것은 그 고통을 새로운 삶에 더하는 법을 배우는 과정일 뿐이다. 마사 히크먼이 『상실 후의 치유 Healing After Loss, 2009』에서 말했듯이 "밖으로 나가는 길은 없다. 그저 앞으로 갈 뿐"이다.

사람들은 내가 놀라운 경험을 했다고 말하는데, 정말 그럴지도 모르겠다. 하지만 나로서는 사람들이 기이하고 실증되지 않은 괴담이나 음모론(팝락스 사탕과 콜라를 같이 마시면 죽는다는 괴담, 케네디 대통령 암살 음모론, 에이즈는 인간이 만들었다는 음모론 등)은 잘 믿으면서 죽었다 살아난 경험이나 기적에 대한 수천 개도 넘은 일관적인 증언은 무시한다는 사실이 훨씬 더 놀랍다.

나는 나의 체험에 대해, 그리고 그런 일들에 대해 어떻게 대처해야 하는지에 대해 10년도 넘게 고민해 왔다. 그렇게 고민하는 내내 나는 여전히 아내이자 어머니, 정형외과 의사, 과학자, 현실주의자, 냉소주의자였지만 또한 엄청나게 내면의 변화를 경험하기도 했다. 무엇보다 내가 하나님의 자녀이며, 하나님이 세상 모든 사람들을 사랑하고 귀하게 여기신다는 것을 깊이 깨닫게 되었다. 우리는 모두 영광스러운 하나님의 태피스트리를 구성하는 한 올의 실에 불과하지만, 우리의 선택과 행동은 대단히 중요하며 실제로 큰 변화를 일으킬 수 있다.

그 사실을 깨닫고 나는 환자들과 소통하는 방식을 바꾸었다. 무엇보다 환자들의 감정과 영적 건강이 육체의 회복에 얼마나 중요한 역할을 미치는지 인정하게 되었고, 나의 경험을 통해 심각한 장애나 부상을 당한 환자들을 비롯해서 많은 환자들에게 희망을 줄 수 있었다. 나는 환자들을 위해 기도드리고, 때로는 그들과 함께 기도한다. 이제 나는 의사로서 단지 의학적인 문제를 '고치는' 것이 아니라 그것을 '치유하는' 것이 나의 소명이라고 생각한다.

하나님이 왜 내 삶에 개입하기로 하셨는지 아직도 잘 모르겠다. 나는 아주 평범하게 살아왔으며, 기독교 집안에서 자라기는 했지만 고등학생 때까지는 하나님의 약속에 대해 진지하게 생각해 본 적이 없었다. 또한 대학 시절 플로리다 스프링스에서 스쿠버다이빙을 하면서 하나님이 내 삶에 개입하셨다고 믿으면서도 영적인 삶에 대해서는 깊이 생각해 보지 않았다. 의대와 수련의 과정을 거칠 때도 마찬가지였다. 다른 사람들처럼 일상생활에 매달린 채 직장과 결혼 생활, 자녀 양육 사이에서 균형을 맞추는 데 급급했다. 삶 가운데 하나님의 임재를 느끼고 감동한 적도 있지만, 내가 내 자녀들에게 무엇을 바라는지 생각하기까지 내 영성은 전혀 발전하지 못했다.

나는 내가 여러 면에서 상당히 평범한 것 같았기 때문에 "하필이면 왜 나에게?"라는 질문을 계속 던졌다. 하나님은 왜 나에게 이런 특별한 경험을 하게 하셨을까? 마약 중독으로 죽은 내 사촌이나 하나님의 도움을 갈구하며 울부짖는 지구 상의 수백만 기독교인이 아닌 하필이면 왜 나를 선택하셨을까? 나는 천성도 그렇고 의학도로서 교육을 받아서 누구보다 분석적이고 의심도 많다. 그렇기 때문에 직접 경험한 것이 아니라면 그 무엇도 믿지 못했을 것이다. 지금까지 내가 경험한 일들이 어떻게 한 사람의 삶에서 벌어질 수 있을까? 또한 의심을 멈추고, 그저 믿는 것이 왜 그토록 중요한 것일까?

나는 이 질문에 대한 답을 모두 알지는 못한다. 하지만 수백만의 사람들이 하나님을 알고, 그분의 사랑을 받아들이고, 그분의 존재를 경험하고, 그분의 약속이 진실하다는 것을 인정할 필요가 있다는 것만큼은 확실히 안다.

과거에는 기적이 많이 일어났는데 요즘은 왜 그렇지 않느냐고 질문하는 이들이 있다. 그러나 나는 오늘날에도 보통 사람들의 삶에서 수많은 기적이 일어난다고 믿는다. 하지만 대부분의 사람들이 기적을 찾지 않으며, 그것을 실재로서 인정하지 않을 뿐이다. 또한 기적의 특성이 드러나더라도 그것이 하나님에게서 비롯됐다는 것을 믿지 않는다.

내가 지금까지 체험한 일들은 우연의 일치나 행운과는 대치된다. 다만 그 체험은 하나님이 우리를 이끌어 주시고, 우리에게 계획을 갖고 계시며, 천사와 사자를 보내 우리와 소통하신다는 사실을 뒷받침할 뿐이다.

"하나님이 하시는 일의 시종을 사람으로 측량할 수 없게 하셨도다"전도서 3장 11절라는 솔로몬의 고백에 나 역시 진심으로 공감한다. 우리의 삶은 앞으로 나아가지만, 뒤돌아보기 전에는 그 사실을 이해하지 못한다. 그렇기 때문에 우리에게 일어나는 우연의 일치에 대해 6개월에서 1년간 일기를 써 보는 것도 좋다.

우선 우리가 경험하는 모든 '우연의 일치'를 자세하게 기록하고, 한편에는 대학에 입학하고, 배우자를 만나고, 직장을 구하고, 이사할 때 등 인생의 주요 사건에 대해 세세하게 기록해 보자. 순조롭게 일이 이루어질 때마다 그 과정을 기록해 보자. 또한 고군분투하는 상황과 그 결과에 대해서도 기록해 보자. 그리고 우리와 주변 사람들에게 벌어지는 '나쁜' 일과 그 일의 직접적인 결과, 또 간접적인 결과를 적어 보자. 그리고 6개월에서 1년 정도 지난 뒤 그 일기를 돌아보면 여러 사람과 사건, 결정, 결과가 서로 연관되어 있으며, 그것이 통계학적 우연으로 치부될 수 없다는 사실을 확인하게 될 것이다. 그때, 우리는 하나님이 우리의 삶에 계획을 갖고 계신다는 확신을 얻을 수 있을 것이다. 우연으로 보이는 여러 사건들이 하나님의 기적이었으며, 우리가 슬픔에 빠져 있거나 외롭거나 힘들 때 하나님이 우리와 함께하셨음을 깨닫게 되는 것이다. 채드는 내게 이렇게 말했다.

"우리 삶에서 벌어지는 일들과 우리 삶이 뒤섞이게 하면 안 돼요. 우리 모두는 기적의 일부니까요."

히브리서 11장 1절에는 "믿음은 바라는 것들의 실상이요 보이지 않는 것들의 증거"라고 기록되어 있다. 마틴 루터 킹은 이 구절을 다음과 같이 재해석했다.

"믿음이란 계단이 전부 보이지 않더라도 용기를 내어 첫 걸음을 내딛는 것이다."

바로 이 믿음이 우리를 자유롭게 한다. 이 믿음이 있기에 우리는 우리의 삶을 온전히 받아들일 수 있고, 두려움을 걷어 내고 걱정을 희망으로 바꿀 수 있다. 또한 하나님과 함께 기쁨으로 가득 찬 미래, 특별하고 놀라운 모험으로 가득 찬 미래를 향해 나아갈 수 있다.

하나님은 우리를 창조하셨고, 우리를 아시며, 우리를 사랑하시고, 우리를 인도하신다. 그리고 그 사랑과 은혜로 우리에게 명령하신다.

"하나님의 사랑을 마음에 새기고 항상 기뻐하라."

"기도의 삶을 살고, 하나님께 영광 돌리며, 항상 하나님의 음성에 귀 기울여라."

"범사에 감사하는 삶을 살라."

와이오밍 주 잭슨홀로 이사하기 직전. 왼쪽에서부터 나의 보물 벳시, 피터, 윌리, 엘리엇.

몇 년 뒤 그랜드테턴에서 등산하는 맏아들 윌리.

칠레에서 강으로 가기 전 환한 햇살 아래 일광욕하는 우리 부부.

푸이 강 상류에서 카약을 타기 전 남편과 함께. 그날 나는 남편의 빨간 점퍼를 입었다.

바위투성이 강둑과 무성하고 가파른 언덕 때문에 접근하기 힘들었던 푸이 강의 풍경.

이 사진에서 카약을 타고 있는 사람의 왼쪽 낙하지점의 소용돌이 아래로
나는 카약과 함께 처박히는 사고를 당했다.

병원에서 어느 정도 안정된 뒤 아이들(왼쪽에서부터 윌리, 벳시, 피터, 엘리엇)과 함께 영화를 보면서.

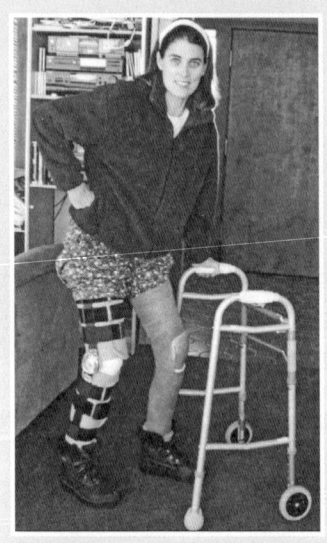

오랫동안 휠체어만 타다가 조금씩 걷게 됐을 때의 모습. 당시 걸음마를 처음 배우는 아이처럼 걷는 게 결코 쉬운 일이 아니었고, 서 있을 수 있다는 것만으로도 감사했다.

우리 가족의 삶의 방향을 바꾸었던 2004년 부활절 휴가 중에 찍은 가족 사진
(왼쪽에서부터 시계 방향으로 나, 윌리, 남편, 엘리엇, 벳시, 피터).

2010년 10월, 윌리 없이 처음 떠난 여행에서(왼쪽에서부터 벳시, 나, 피터, 엘리엇, 남편).

나는 여전히 물을 사랑하고 카약을 즐긴다.

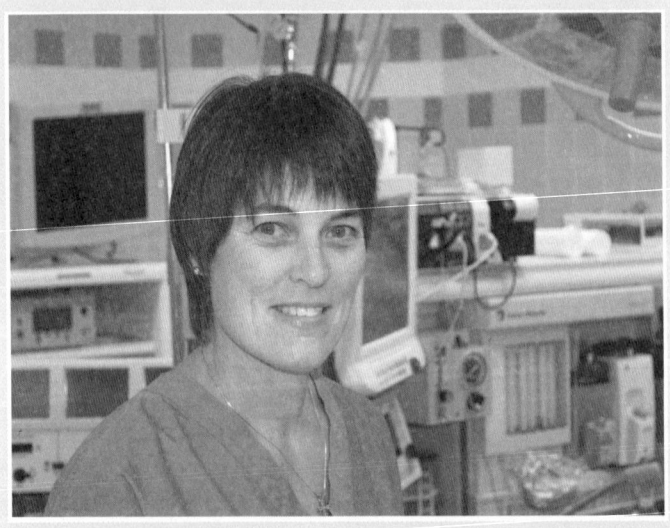

외과의사로서의 삶이 만족스럽긴 하지만 치유와 영성을 통합하기 위해 노력하는 중이다.

잭슨홀에 처음으로 '게으름 금지' 표지판을 붙이는 사랑하는 아들, 윌리.
자신의 삶에서 작은 변화를 이루어 내자는 윌리의 메시지는 아직까지 많은 사람들에게
영향력을 미치고 있으며, 그가 펼쳤던 게으름 줄이기 운동도 큰 호응을 얻어
30개 도시에 이 표지판이 게시되었다.

닥터 닐과의 Q&A

내 책이 출판된 뒤. 많은 사람들이 다양한 질문을 해왔다. 그중에서 가장 자주 들었던 질문과 그 대답을 정리했다.

Q ...... 이 이야기에서 예수님은 어디 계시나요?

A ...... 내가 카약 사고로 물에 빠졌을 때, 예수님이 나를 안아 주시고 위로하시면서 기운을 북돋아 주셨다고 믿습니다. 또한 내 몸에서 영혼이 빠져나가는 경험을 하는 동안 아름다운 들판에서 예수님과 대화했다고 믿고 있습니다. 이 책의 초판을 쓸 때만 해도 이렇게 주장하기가 좀 불편해서 지금처럼 분명하게 단언하지 않았습니다. 예수님이 나 같은 보통 사람과 이야기하신다고 생각한다는 것 자체가 주제넘고 건방진 것 같았기 때문입니다.

Q ...... 특정 교회에 소속되어 있나요?

A ...... 정기적으로 교회 예배에 참석하고, 교회 위원회에서도 봉사하고 있지만 나는 주님을 온 마음과 영혼으로 또한 온 힘을

다해 사랑하는 것이 무엇보다 중요하다고 생각합니다. 우리 가족이 사는 집은 아름다운 산악 지대에 있습니다. 그런데 종종 산이야말로 자신의 교회이며, 교회 건물이 아닌 산에서 하나님께 예배드릴 수 있다고 말하는 사람들이 있습니다. 그들의 주장이 맞을 수도 있습니다. 하지만 우리 교회 목사님의 말씀대로 '산에서 하나님께 예배드릴 수 있는지'가 문제가 아니라 '교회를 떠나 홀로 산에서 예배드릴까?' 하고 생각하는 것 자체가 문제입니다.

하나님의 이름으로 혹은 교회 뒤에 숨어서 나쁜 일을 저지르는 사람도 많지만, 나는 제도가 그것에 속한 개인보다 더 우선시된다고 믿습니다. 교회는 사람들이 모일 수 있는 장소를 제공합니다. 또한 믿음의 공동체로서 서로 믿음 안에서 격려하고 지지하며, 하나님의 말씀에 대한 통찰력을 배우고 가르치며, 사람들이 이 세상과 분리되어 하나님과의 영적인 관계에만 집중할 수 있도록 시간과 장소를 제공합니다. 우리는 어디에 있든지 하나님을 만날 수 있습니다. 이와 마찬가지로 다양한 교파는 모든 영적인 발전 단계에 있는 사람들을 수용할 수 있습니다.

Q ...... 돈을 벌기 위해서 이 책을 쓴 건가요?

A ...... 다른 사람들의 동기에 대해 나 역시 의심을 품을 때가

있지만, 하나님은 내게 한 가지 목적을 위해 많은 경험을 할 수 있게 해주셨고, 나는 하나님이 내게 요구하신 것에 순종하려고 노력했습니다. 이 책의 수익금은 여러 비영리단체를 후원하는 데 쓰입니다(후원하는 단체의 목록은 내 홈페이지의 '돌려주기Giving Back' 코너에서 찾아볼 수 있습니다).

Q ...... 이 책을 쓰기까지 왜 그토록 오랜 시간이 걸렸나요?
A ...... 내가 진정으로 이 세계에 다시 돌아오고 싶지 않았다는 점이 내 이야기에서 가장 중요한 부분이라고 생각합니다. 카약 사고 당시 네 명의 자녀는 아직 어렸고, 나는 친한 친구나 교회 사람들 외에 다른 사람들에게는 내 경험에 대해 이야기하지 않았습니다. 내 자녀들이 엄마인 내가 그들을 내팽개치고 떠나려고 했다고 생각하기를 원하지 않았으니까요. 나는 의사이자 아내이며 네 아이의 어머니로서 글 쓰는 시간을 내기가 쉽지 않았고, 솔직히 이런 글을 쓰고 싶지 않았습니다. 나는 작가도 공인도 아닙니다. 하지만 하나님의 타이밍은 언제나 완벽했고, 덕분에 나는 아들이 죽기 몇 시간 전에 비로소 이 책의 초고를 완성할 수 있었습니다.

Q ...... 왜 당신의 이야기를 믿어야 하죠? 당신만의 신앙 방식을 다른 사

람들에게 전하려는 것은 아닌가요?

A …… 내 경험을 가능한 정확하고 분명하게 나누는 것이 내가 해야 할 일이고, 또 내가 하려고 하는 일입니다.

Q …… 천국에서 같이 있었던 사람들은 어떤 모습이었나요?

A …… 그 사람들, 혹은 그 존재들은 찬란했습니다. 육체의 형태가 있었지만 흘러내리는 것 같은 옷을 입고 있어서 팔다리가 분명하게 보이지는 않았습니다. 그들의 머리를 보긴 했지만 환한 빛 때문에 윤곽이 흐릿했고, 이목구비도 불분명했습니다. 그들은 젊지도 늙지도 않은, 시간을 초월하는 존재였습니다. 중환자실에서 내 몸에서 이탈하는 체험을 하며 나는 내가 앉아 있던 들판의 저 끝에서 아이들이 노는 모습을 보기도 했습니다.

Q …… 예수님은 어떤 모습이었죠?

A …… 내가 카약 사고로 물에 빠져 있을 때 예수님이 나를 안아 주셨다고 믿습니다. 당시 예수님이 내게 말씀하시는 것은 분명히 들었지만, 그분을 보지는 못했습니다. 몸에서 영혼이 빠져나가는 경험을 하는 동안 나는 아름다운 들에 앉아 예수님과 대화를 나누었습니다. 예수님은 바위에 앉아 계셨고, 나는 바닥에 앉아 있었습니다. 예수님은 나에게 천국에 가는 길을 인도해

준 사람들처럼 흘러내리는 듯한 옷을 입으셨고, 머리칼은 길었으며, 환하고 아름다운 빛으로 눈이 부셔 그분의 이목구비를 또렷이 보지는 못했습니다. 어떻게 묘사할지 모르겠지만, 예수님을 보며 가장 강렬하게 받은 인상은 '사랑'이었습니다(보통 사랑을 '본다'고 말하지 않지만, 우리가 '느끼는' 것을 '보는' 경험을 어떤 식으로 설명할지 모르겠습니다). 예수님의 모습은 완전한 사랑과 동정, 친절, 무한한 인내라는 단어들을 떠오르게 했습니다.

Q ...... 애완동물도 보았나요?

A ...... 동물은 보지 못했습니다. 그러나 나는 두 군데만 경험했기 때문에 내가 경험하지 않은 사물이나 장소에 대해서는 알지 못합니다.

Q ...... 부상 정도는 얼마나 심했고, 왜 긴급의료후송 조치를 취하지 않았죠?

A ...... 내 부상 정도에 대해 상세하게 알고 싶어 하는 독자가 많아서 놀랐습니다. 당시 한쪽 다리에 경골 고평구 골절과 반월판 손상을 당하고, 무릎뼈의 후방십자인대, 후낭, 측부인대 손상도 있었습니다. 또 다른 다리는 근위 경골 골절, 후낭과 측부인대 손상이 있었고 후방십자인대가 늘어났었습니다. 기본적으로

내 몸이 카약에서 빠져나올 때, 두 무릎뼈가 완전히 뒤로 꺾였습니다. 응급실에 도착했을 때는 폐렴과 급성호흡곤란증후군이 있었고요(기본적으로 외상에 대한 폐의 충격 반응입니다). 그것은 폐가 산소를 혈관에 전달하는 기능이 급속도로 감소하는 증세로, 보조 산소와 보조 치료가 중요했지만 폐가 치유될 때까지 기다리는 것 외에는 특별한 치료법이 없습니다. 이 단계에서 사망에 이르는 경우도 종종 있습니다. 처음에는 산소포화도가 40퍼센트(정상은 80~100퍼센트) 정도이다가 보조 산소로 60퍼센트까지 올라갔는데, 이 정도면 일반적으로 극심한 장기 손상이 야기됩니다. 다리에 심정맥혈전증이 나타나서 항응고처치가 필요했고, 여러 번의 수술과 집중재활치료를 받아야 했습니다. 다행히 뇌 손상은 없었고, 다리는 예상대로 치유되었습니다. 지금도 그때 당한 부상의 후유증을 느끼지만 스포츠 활동을 다시 즐길 수 있을 정도로 회복된 상태입니다.

사실 사고를 당했을 때, 긴급의료후송 조치를 취해야 했습니다. 다행히 '괜찮은' 결과가 나왔지만, 내 대처 방법은 잘못된 것이었고, 절대로 추천하고 싶지 않습니다. 나는 아이들과 함께 있고 싶어서 일반 비행기로 돌아가기로 결정했었습니다. 내가 의사인 데다가 다리에 부목을 댔고, 의사인 남편까지 동행하니 별일 없을 거라고 스스로 합리화했습니다. 하지만 당시 나는 큰 충격을 받은 뒤라 올바른 결정을 내릴 수 있는 상태가 아니었고, 남편 역시 큰 충격을 받기는 마찬가지였습니다. 주위 사람들이 우리의 판단이 틀렸다고 충고해 줄 수도 있었겠지만 일행 중 우리 부부만이 의사였기 때문에 모두 우리 판단(혹은 판단을 내리지 못한 것)을 존중했다고 생각합니다. 솔직히 말해서 사고 뒤 우리 부부의 대처 방법에 대해서는 지금도 당혹스럽습니다.

Q ...... 카약 사고 이전에 당신의 신앙은 어떠했고, 그 뒤에는 어떻게 변했죠?

A ...... 죽음에 이르는 체험을 하기 전에도 나는 신앙생활을 했고, 성경이 절대적이며 역사적으로 정확한 하나님의 말씀이라고 믿었습니다. 하지만 깊은 영성이나 신앙심은 없었고, 죽음 뒤의 삶에 대한 개념도 없었습니다. 하지만 카약 사고 이후 영적으로 깊은 변화를 경험하며 하나님의 약속이 진리이며, 죽음 뒤에 삶이 있고, 그 삶이 영원하다는 것을 알게 되었습니다. 그리고 조직적인 종교의 한계성을 인정하면서도 열심히 참여하며 지지하고 있습니다.

Q ...... 하나님에 대한 생각은 어떻게 변했죠?

A ...... 하나님이 실재하신다는 절대적인 확신을 갖고, 그분이

우리 모두를 향한 계획을 갖고 계시며, 실제로 죽음 뒤에 영원한 삶이 있다는 것을 깨닫고 나서 삶의 관점과 방식이 바뀌었습니다. 이제는 죽음이 두렵지 않으며, 다른 이의 죽음과 심지어 내 아들의 죽음을 대하는 방식마저 바뀌었습니다. 하루하루가 정말 중요하며, 날마다 하나님을 위해 살아야 한다는 것을 깨달았습니다. 하나님이 우리를 깊이, 그리고 무조건적으로 사랑하신다는 것도 알고 있습니다. 심지어 내가 좋아하지도, 이해할 수조차 없는 사람들까지요. 그래서 나 역시 하나님의 관점으로 그들 안에서 그분이 바라보시는 아름다움을 찾으려고 노력하게 됩니다.

Q …… 당신의 경험을 우리의 삶에 어떻게 적용해야 할까요? 또한 그 경험이 인생의 역경을 뛰어넘는 데 도움이 될까요?

A …… 내 이야기를 상세하게 밝히는 이유는 누군가 내 경험을 그대로 따르기를 원해서가 아닙니다. 오직 하나님을 전적으로 신뢰할 때, 어떤 역경도 감사와 기쁨의 마음으로 받아들일 수 있다는 것을 보여 주기 위해서입니다. 예컨대 어린아이들은 희망을 갖고 있습니다. 그것은 하나님이 하시겠다고 한 일을 직접 이루실 거라는 희망입니다. 하나님이 다른 이의 삶에서 역사하신 것을 듣고 보면서 우리는 하나님이 약속하신 일을 실현시키시는

분이라는 믿음을 갖게 됩니다. 죽음에 이르는 체험처럼 영적으로 깊은 경험이 누구에게나 찾아오는 것은 아닙니다. 하지만 하루하루 우리 삶의 과정을 들여다보면서 여러 일들이 단순히 우연히 벌어지지 않는다는 점에 주목하게 되면 그 누구라도 하나님이 자신의 삶에 실제로 개입하신다는 믿음을 갖게 될 것입니다. 그리고 그 하나님의 개입하심을 진심으로 바라보게 될 때, 우리는 하나님의 약속을 온전히 신뢰할 수 있습니다. 하나님은 우리에게 아름다운 계획을 갖고 계시며, 언제라도 우리가 확신과 용기를 갖고 역경에 맞서도록 도와주실 것입니다.

당신은 사랑하지 않고 줄 수 있지만,
주지 않고서는 사랑할 수 없다.
_ 에이미 카마이클

• 이 책의 판매 수익금 일부는 다음 목적을 가진 여러 비영리단체에 기부됩니다.
 _ 미국과 전 세계에 하나님의 은혜와 사랑을 나누는 단체
 _ 하루하루의 모든 선택을 중요하게 여기고,
  이 세상이 우리 모두에게 더 나은 곳이 될 수 있도록 일하고 격려하는 단체
 _ 우리에게 주어진 이 세상에서 좀 더 책임감 있게 살기 위해 일하는 단체
 _ 사람들이 하나님과 사랑의 관계를 맺도록 돕는 단체

이 책의 저자 메리 C. 닐의 홈페이지에 방문하면 이 책의 수익금이 기부되는
비영리단체에 대한 정보를 볼 수 있으며, 그 외 직접 비영리단체를 추천할 수도 있습니다.

옮긴이 한은경

서울대학교 영어영문학과를 졸업하고 동대학원에서 박사학위를 받았다. 현재 서울대학교 언어교육원 전임강사이며 옮긴 책으로는 『오두막』, 『긍정의 힘 축복편』, 『사랑의 역사』, 『피츠제럴드 단편선 2』, 『르네상스』 등이 있다.

외과의사가 다녀온 천국

초판 4쇄 발행 _ 2015년 1월 15일

지은이 _ 메리 C. 닐
옮긴이 _ 한은경
펴낸이 _ 김영진
펴낸곳 _ 임프린트 크리스천석세스
주소 _ 경기도 고양시 덕양구 덕은로 60-12 우)412-170

주문 및 문의 전화 _ 02-765-0011
팩스 _ 02-743-6811
성서원 북카페 _ http://cafe.naver.com/biblehouse1972

온라인 서점 _ www.bibleeshop.com (T. 02-597-1599)
성서원 홈페이지 _ www.biblehouse.co.kr
발행처 _ (유)성서원

출판 등록일 _ 1997년 7월 8일(제300-1997-79호)
ISBN 978-89-360-2012-5 03230

이 책은 저작권법에 따라 보호받는 저작물이므로 무단 전재와 무단 복제를 금지하며, 이 책의 내용의 전부, 또는 일부를 이용하려면 반드시 저작권자와 (유)성서원의 서면 동의를 받아야 합니다.

• 잘못된 책은 바꾸어 드립니다.
• 책값은 뒤표지에 있습니다.

성서원은 독자 여러분의 책에 대한 아이디어와 원고 투고를 기다리고 있습니다.
책의 내용과 연락처를 이메일 biblehou@gmail.com으로 보내 주시면
정성껏 검토한 후 알려 드리겠습니다.

* 본문에 나오는 성경 구절은 개역개정판을 따랐습니다.